教養としてのお金とアート

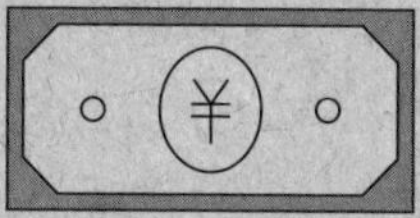

誰でもわかる「新たな価値のつくり方」

東京画廊代表
山本豊津
公認会計士
田中靖浩

KADOKAWA

教養としてのお金とアート

誰でもわかる「新たな価値のつくり方」

はじめに

お金とアート、その意外なつながりが開く「好奇心の窓」

お金とアート。

切っても切れない関係なのに、これが一緒に語られることは少ないです。

アート界において、お金について語ることはタブーであるとの空気すらあります。

アートがその輝きを保つためにはお金の存在が不可欠だというのに。

一方で、ビジネス界ではアートへの関心が高まりつつあります。

最近、ビジネスパーソンに向けたアート特集の記事やセミナーを見かける機会が増えました。ただ正直な感想として、それらの「アートをビジネスに活かす」というその方向性自体がピンときません。私にセンスがないだけなのでしょうが、お金とアートの遠い道のりに溜息をつくばかりでした。

それがたまたま今回、公認会計士の私と東京画廊オーナーの山本豊津さんが対談するという出版オファーをいただきました。どちらかと言うと私は物怖《ものお》じしない性格ですが、正直申しまして、今回ばかりはさすがに気後れしました。「自分にその役目が務まるのだろうか？」と。

われわれが知り合いになったきっかけは、私が書いた『会計の世界史』（日本経済新聞出版）でした。

絵画を用いながら会計の歴史を説明した同書、これを読まれた山本さんから連絡をいただき、そのご縁から〝友人付き合い〟をさせていただくようになりました。

本書の制作にあたり、編集者から私と山本さんに向けていくつかの提案がありました。

その一つが、われわれ二人に「美意識」について語ってほしいというもの。

これはいけません。私には絶対無理です。美意識について語るなどということは。あまりに弱気になって、山本さんと食事に行ったとき、やんわりお断りしようと思ったのです。でもその食事のとき山本さんが、「田中さん、美意識について自ら語るってさ、どの口が言うかって感じだよね」とニッコリ微笑むのです。

その笑顔を見ながら「この方となら対談できるかもしれない」と直感しました。それで「エイ！」と意を決して臨み、完成したのがこの対談本です。

結論として、これほど楽しい対談はなく、しかもたいへん勉強になりました。そして私は今回の対談で「美意識とは何か」について、おぼろげながら自分の答えを見つけました。この本によって読者の皆さんにも「美意識とは何か」、あるいは「アートから学ぶとはどういうことか」について、答えを見つけるヒントが提供できればこれに勝る喜びはありません。

本書にはお金とアートにまつわるさまざまなテーマが登場します。簿記とダ・ヴィンチの関係、楽市・楽座とアートフェアの関係、会計公準と美術館経営などなど。一見すると無関係にしか思えない事実の見えないつながり。これまでビジネス界にどっぷり浸かってきた私にとって、これらの内容は「目からうろこ」の連続でした。ぜひ読者の皆さんにも「意外な視点」をプレゼントできればと思います。

さて、今回の対談相手の山本豊津さんのご紹介を少々。

山本さんほど「銀座の似合う旦那」はいません。あらゆる分野に豊富な知識をもちながら文化の香り漂う風流人、しかもえらぶるところなし。アートの真ん中で商売されている画商でありながら、会計・経済・経営について少年のような好奇心をおもちです。

今回の対談は、アートの専門家である山本さんの「お金に対する好奇心」と、お金の専門家である私の「アートに対する好奇心」、その二つの好奇心が交わることによって生まれました。

いささかの期待含みですが、今回の本はアート関係者とビジネス関係者、いずれの読者にとっても「向こう側を知る」機会を提供できたのではないかと思います。われわれ二人の異文化交流の輪に、多くの読者が入ってくれることを願ってやみません。

読者の皆さんの好奇心の窓が本書によって大きく開かれますことを。

田中靖浩

教養としてのお金とアート　誰でもわかる「新たな価値のつくり方」　目次

第1章 なぜアートは日本に浸透しなかったのか　017

第2章

簿記という芸術的なプラットフォーム 063

第3章

日本で会計の礎をきずいた福沢諭吉と渋沢栄一 109

第4章

価格から考える「アートの問題点」

第5章 これから絶対に必要な「価値と価格」の話　187

第6章

「未来の資本主義」の話をしよう 237

4　個人としての資産価値が大切になる時代

装丁　西垂水敦・市川さつき（krran）
本文デザイン・DTP　有限会社ペーパーバック
構成　神山典士
編集協力　木本禎一・MOSH books
校正　山崎春江
編集　金子拓也

第1章

なぜアートは日本に浸透しなかったのか

1 日本人が絵と会計を嫌いになる理由

「勉強させられる」からみんな嫌いになる

田中　私はもともと美術のセンスがまったくない人間です。学生時代は美術館へ行ったこともなかった。美術館組と雀荘組とに分かれるなら、完全に雀荘組代表でしたね。「美術館なんかに行って絵を見て、何が面白いんだろう？」と長らく思っていました。ところが、２０１８年に出版した『会計の世界史』を書くにあたって絵に触れるようになり、そこから美術はなんて面白いんだと思いはじめました。この本をきっかけに知り合った山本豊津さんと話をするようになってから、ますますのめり込んでいます。山本さんはお父上が画商で、跡継ぎとしてこの世界へ入られたのですよね？　最初から美術方面には興味があったのですか？

山本　どうでしょう。画商の商売は林業と同じなんです。育つのにすごく時間がかかる。だから1代ではなかなか完結しません。いまの僕の仕事は父が種をまいて育ててくれた樹木の実や花を、息子の僕が収穫しているようなものですね。

田中　子どもの頃からお父上の商売を身近で見て、その「美術の種まき」に興味があったから跡を継がれたのですね。そうじゃなかったら逃げるはずですから。多くの伝統芸能や伝統工芸でも世襲が多いのは、父親の仕事ぶりを間近で見て、その世界に興味をもつからなのでしょうね。

山本　その影響なのか、僕のなかには変人という概念がありませんでした。父のまわりにいた芸術家がみんな変人だったから、それが普通だと思っていた。あとからですよ、彼らが変人だとわかったのは（笑）。でも、そんな環境にいたおかげで、人間の見方に幅ができた。あとは、父がとにかく美術が好きで愛してやまない人間だったので、そのことに影響を受けたかもしれませんね。

田中　うらやましいです。いまビジネスパーソンで「仕事を愛してやまない」姿をわが子に伝えられている父親なんて、ほとんどいないと思いますよ。実は私がいる公認会計士とか税理士などの業界にも少ない。それどころか、自分の仕事があまり好きじゃなくて、本を読むことすら嫌いな人間が多いです。そうなってしまう大きな理由が、あの難しい資格試験です。あの受験勉強でいやいや勉強しすぎて、燃え尽きてしまうのです。

山本　それは信じられない話だな。会計士とか税理士、弁護士と言えば、世の中でもっとも勉強が好きな人たちだと思っていました。

田中　皆さんそう思われていますよね。でも、そうじゃありません。専門家は勉強が「得意」なだけで「好き」じゃないんです。資格試験で燃え尽きてしまい、得意だけど嫌いになってしまう人が多い。そんな燃え尽き専門家は、お金を稼ぐのに必要な勉強だけは「義務として」やります。でも、それは好きだから学んでいるわけではなく、お金を稼ぐために必要だから、あるいはブームだから学ぶのです。いま、そんな専門家の間で大人気のキーワードが「アート」なんです。でも、アートを義務で学ぶというのが私にはピンときません。やはりなにごとも必要性ではなくて、「好き」から始めないといけませんね。

単純にアートを「観る」ことから始めよ

田中　これについては美術も会計も初期教育で失敗しているように思います。私は小学校のときの写生会で無理やり描かされて以来、絵が嫌いになりました。描きたくもない絵を描かされても苦痛でしかない。

　会計で言えばこれと同じなのが簿記です。右も左もわからない学生が「これが基本だから」と帳簿のつけ方を勉強させられて、会計嫌いになるケースがあとを絶ちません。絵も会計も「つくり方」ではなく「読み方」から学ぶべきだと思います。

山本　数字を見ただけで苦手っていう人が、世の中に一定数いますよね。簿記についても、**貸借対照表**とか**損益計算書**って聞いただけでもうウンザリしちゃう。絵

貸借対照表
決算時の財務三表の一つ。会社がもっている「資産」と、今後返済する「負債」、総資産から負債を引いた「純資産」を計算し、会社がどのように資産を調達し、どのように運用しているかを見るためのもの。

損益計算書
こちらも財務三表の一つで、ある一定期間の会社の損益を表すもの。「収益」「費用」「利益」を記載するので、どれだけ売り上げ、何に費用を使い、どれくらい儲かったのかを知ることができる。

もそうで、「ここに影をつけろ」とか、自分が描きたいものに対してとやかく言われると、しまいには「僕にはできない」って思ってしまう。本末転倒なんです。

田中　ヨーロッパでもアメリカでも、美術館に行くと子どもたちがたくさんいますね。美術館のなかには子どもの遊び場コーナーがあって、子どもたちをそこで遊ばせておきながら、親は自由に絵を見られるつくりになっているのです。もちろん、子どもが絵を見てもいいし、「どれが好き?」なんて聞きながら会話も弾んでくる。「この絵のことをどう思う?」とか、「この女の子たちは何をしていると思う?」とか。そうやって絵の見方を教えていれば、子どもだって興味をもつし、そこから何人かは「この絵、私でも描けるかな?」と実際に真似して描きだす子が出てくると思います。フランス人の画家のほとんどは、小さい頃から**ルーヴル美術館**で模写をしています。小さな頃から美しい絵や美術に触れるって、すごく重要ですよね。

山本　美術は目の感覚機能からインプットされた情報から成り立っています。見ることから観ることに変化する形而上的な「かたちのない」事象です。これに対

ルーヴル美術館
フランス・パリにある国立美術館で、世界最大級。もとは12世紀、フィリップ2世が要塞として建築したルーヴル城。1682年、ルイ14世がヴェルサイユ宮殿に王宮を移動し、フランス革命によって、優れた美術品を展示する美術館となった。主な所蔵品は、ダ・ヴィンチ《モナ・リザ》、ドラクロア《民衆を導く自由の女神》など。

して制作は形而下の「身体的な」作業です。よって「観ること」と「つくること」はまったく異なる行為なのに、わが国の美術教育は制作することに重心が置かれ、観ることの大切さを疎《おろそ》かにしています。観る教育を大切にしなければ一流のアーティストは育ちません。制作が不得意でも目利きにはなれます。目利きが多い国が文化国家ではないでしょうか？　ぜひとも教育のなかに美術鑑賞を増やしていただきたいですね。

田中　その美術界の「制作重視」問題は、驚くほど会計業界と似ています。会計界でも「つくること」を勉強する簿記重視で、決算書を「観る」教育が疎かにされています。経営者は決算書から経営状態を「観る」ことが重要なのです。しかし、みんなそろって「つくる」ことを学んでいます。こちらも美術界と同じく「観る＝読む」教育を増やすべきだと思います。

日本は世界の美術マーケットの3％しかない

田中　ところで山本さんはどんなところに注目して絵を見るんですか？

山本　私はコードとモードで見ます。コードは歴史的文脈における表現の方法で、描く人の教養の深さが表れます。モードは時代の流行で、描く人のセンスに関わります。このコードとモードの交点が意識されている絵は、時代を超える価値をもちます。このほかに「頭ではわかるが肌に合わない」といった好き嫌いはあくまで個人的な感覚であり、それは絵の普遍的価値とは何も関係ありません。

田中　その「コード」は、ドレスコードで使う「ルールに則《のっと》った表現」という意味ですね。なるほど、コードとモードとは、正確に歴史の文脈を踏まえたうえで、どれだけ流行に合わせた表現ができるか、ということですか。そんなところを見るわけですね。でもそうすると、「絵画が歩んできた歴史」と「最新の流行動向」の両方を知っていないと絵の価値がわかりません。そんな目利きって日本にはあまりいないですよね。

山本　日本人が絵に対する苦手意識をもっていることは数字にも表れています。いま、世界の美術マーケットは６兆７５００億円と言われています。日本の国家予算が約１００兆円と考えると、世界の美術品の取引が７兆円弱というのは少ないですよね。一般社団法人アート東京のデータによれば取引金額のうち、44％はアメリカなんですよ。イギリスが21％で、中国が19％まで来ています。これに対して日本はたったの３％。わが国の文化政策がいかに世界の先進国から遅れているか、絵画取引の数字だけ見てもわかります。個人的には、この先、世界の美術マーケットは30兆円くらいまで膨らむ可能性があると思いますが、そこに日本がどれだけ関われるかは疑問ですね。

田中　それは興味深い数字ですね。あまりに低い。その原因については三つほど理由が考えられます。一つめは日本人が絵画に興味をもっていないこと。つまり文化レベルの低さですね。二つめは絵画は好きだけどお金がないこと。これは経済レベルの低さです。最後の三つめが、絵画に関心もあるしお金もあるが、買い方を知らないこと。これは目利きがいないことです。いずれにしても日本の将来が少々心配です。一刻も早く日本の写生教育をやめてもらわないといけませんね。

そうしないと絵に興味をもって、理解できる人がいなくなってしまいます。

2 西洋的なパブリック思考と日本的なプライベート思考

「どう役に立つか」の視点が欠かせない時代

田中 そのように絵画取引マーケットで日本人の存在感が薄い一方、いま、ビジネスの世界では、「美意識」とか「アート」とか、これまで芸術の分野で使われていた言葉がさかんに使われるようになっています。ところが美意識もアートも曖《あい》昧《まい》な概念であり、その言葉の内容が必ずしも明らかではありません。その不明確な言葉に「義務感で勉強するビジネスパーソン」が振り回されているように思います。山本さんは画商としてさまざまなアートに触れてこられましたが、その経験から、山本さんにとっての「美意識」とは何ですか？

山本　なかなかひと言で表現するのは難しいですね。それは今回の対談でおいおい明らかにしていくとして、ただ、美意識が「公共性」と不可分になってきたことだけは事実です。コレクターが最終的に自分のコレクションに公共的な役割を考えないと、美意識があるとは言えない時代になった。かつてはコレクションをもつことそれ自体に意義があったのですが、いまはどれだけ作品をもっていても尊敬されません。その作品がどう人々に役に立つか、その視点が美意識から切り離せなくなっています。

田中　「自分の美意識を高める」ことだけで終わってはいけないということですね。

山本　美意識に公共性が関わったことには、多民族が民主的に集まったアメリカの影響が少なからずあります。日本と違い、アメリカは国公立の美術館が本当に少なく、ほとんどがプライベートな美術館です。**MET（メトロポリタン美術館）**や**MoMA（ニューヨーク近代美術館）**などの有名美術館もプライベート美術館です。一人の人間ではなく、法人である財団が美術館を支える会をつくって、そ

メトロポリタン美術館
通称MET（メット）。アメリカ・ニューヨーク市マンハッタンにある世界最大級の私立美術館。開館は1870年。古今東西、時代を超えて幅広いコレクションがある。主な所蔵品は、ドガ《舞台のバレエ稽古》、ゴーギャン《イア・オラナ・マリア》など。

ニューヨーク近代美術館
通称MoMA（モマ）。アメリカ・ニューヨーク市マンハッタンにある近現代美術を扱う私立美術館。開館は1929年。主な所蔵品は、ピカソ《アヴィニョンの娘たち》、デュシャン《処女から花嫁への移行》、ウォーホル《キャンベルのスープ缶》など。

こに所属するお金持ちが作品の購入ばかりではなく、「今回の展覧会にそれぞれがお金をつけましょう」といったかたちで運営しています。

田中　アメリカの美術館に行くと、展示してある絵の横に説明のプレートがありますよね。「これは誰から寄贈されたもの（Donated by ○○）」という1行があり、そこには財団や個人の名前が書かれています。その人が寄贈した作品だけを飾ってある「寄贈ブース」の部屋もあります。美術館のガイドマップにもそうした「寄贈ブース」の名前が書いてあって、わかりにくくて迷ってしまうんです。**シカゴ美術館**のように寄贈が多くて、しかも増改築しまくりだとすぐ迷子になってしまう（笑）。それはともかく、こうしたところにアメリカ寄贈文化の強さを感じます。国立・公立美術館が多い日本では、なかなかお目にかかれません。

山本　日本では、有名なのが「松方コレクション」。これは**松方幸次郎**さんが大正から昭和にかけて集めたコレクションで、いまは**国立西洋美術館**が所蔵しています。ときどき、「松方コレクション」の名前がつく展覧会が企画されますが、松方家が美術館に寄贈したとき、そんな条件をつけたのかもしれません。国立西洋美

シカゴ美術館
アメリカ・イリノイ州シカゴ市にある美術館。1879年に設立され、2009年にはレンゾ・ピアノ設計による新館が建てられた。印象派からポップアートまでコレクションが充実。主な所蔵品は、ゴッホ《自画像》、ウォーホル《MAO》など。

松方幸次郎
まつかた・こうじろう（1866〜1950年）、実業家。川崎造船所の初代社長をはじめ、10社を超える企業の役員を務めた。直接交流のあったモネのほか、セザンヌやゴッホなどの絵画を蒐集した。

術館や、浮世絵の寄贈を受けた**東京国立博物館**はいまでもコレクションの調査を続けています。でも、「○○家から寄贈された」というプレートをあまり見かけないですね。

つまり、アメリカは「寄贈」というかたちを通して、私的にコレクションしたものを最後、「公」に還元しているわけです。アメリカにもともと根づいていた「公共性」の文化が、やっと日本に来はじめているのではないでしょうか。

国民性の違いは税制の違いから生まれる

山本　美術品を公的に残す場合、近代社会でもっとも重要なのは税制です。日米でなぜ公共性をめぐる文化の違いが生まれたのかと言うと、僕は税制の違いに原因があると考えています。そもそもアメリカと日本では国家の成り立ちと、それに伴って税の認識が違う。われわれ日本人にしてみれば、税金は「取られる」と考えるものだし、所得税も消費税もできるだけ少ないほうがいい。つまり、お上から税を取られるという意識が強い。でも、アメリカは自分たちの国が税金で成

国立西洋美術館
東京・上野公園内にある、松方コレクションをもとに1959年に設立された美術館。本館は建築家のル・コルビュジエが設計し、2016年に世界文化遺産に登録された。主な所蔵品は、モネ《睡蓮》、ポロック《ナンバー8》など。

東京国立博物館
1872年に創設された、東京・上野公園内にある日本最古の博物館。日本と東洋の文化財を展示している。美術の主な所蔵品は、雪舟《秋冬山水図》、尾形光琳《竹梅図屏風》、東洲斎写楽《三世大谷鬼次の奴江戸兵衛》など。

り立っているという意識が強く、税に対して積極的なんです。
　そろそろ日本でも、文化財を守るためには、コレクターが相続のとき税金としてお金を納めるのか、作品を納めるのかという選択肢を認めるべきだと思います。お金を納付してもあなたの名前は残らないが、芸術品を納めると寄贈者として名前が後世に残りますよと。「永遠に名前が残る」となれば、寄贈が増えるかもしれません。

田中　もしかしたらアメリカの場合、学校をつくる次くらいに、美術館をつくる文化があるのかもしれないですね。アメリカに限らず、功成り名を遂げた人物はよく学校をつくります。その昔、メディチ家の**コジモ・デ・メディチ**はプラトンアカデミーをつくりました。
　アメリカでは、**ロックフェラー**がシカゴ大学をつくり、自身の息子に先立たれた**スタンフォード**はリーランド・スタンフォード・ジュニア大学という、息子の名を冠した大学をつくった。だから、アメリカの大学ってハーバード大学をはじめ、ほとんどが私立大学です。人間が人生の最後に考えるのって、どうやって自分の生きてきた証《あかし》を後世に残すかということだと思うんです。

コジモ・デ・メディチ
（1389〜1464年）、フィレンツェ共和国（イタリア）の銀行家。メディチ家はフィレンツェの実質的な支配者。父ジョバンニのきずいた銀行を発展させたのがコジモであり、その財力により数々の芸術家をパトロンとして支援した。

ロックフェラー
ジョン・ロックフェラー（1839〜1937年）、アメリカの実業家。1870年、弟のウィリアムとスタンダード・オイル社を設立し、石油市場を独占。巨大な財閥をつくり、軍事産業や金融業などを傘下に収めた。引退後は慈善事業に従事し、シカゴ大学やロックフェラー大学をつくるだけで

山本　財産を自分の息子だけに残すのは、あまりにももったいない。みんなの学びの場である学校をつくるというのは、わかりやすいですよね。きっと美術館をつくるのは、その延長線上にあるのだと思います。

田中　以前、アメリカの寄付金や税制について調べたのですが、その内容が州によってあまりに違うし、かつ複雑で驚きました。年代によって税制がコロコロ変わるんですよ。たとえば、「ここに美術館をつくりたい」となったとき、寄付しやすくなるように税制を変えるわけです。また、どこの美術館に行っても、正面入り口の目立つところに、「この美術館建設に寄付した人」の名前が載っている。寄贈した絵だけでなく、建設にあたって尽力した人の名前も書かれているわけです。それだけ美術館建設に、その地域の人々の思いがある。こうした思想のもとをたどれば、「この国は自分たちでつくっている」という感覚がアメリカ人に根づいているからだと思います。

なく、医学研究にも貢献した。

スタンフォード
リーランド・スタンフォード（１８２４〜１８９３年）、アメリカの実業家。セントラル・パシフィック鉄道の設立者。

お上文化の日本では「公共性」が育たない

山本　教会がいい例ですが、国に所属していなくても公が成立しているのがアメリカなんです。翻って日本を考えると、公共性は「国家」の意味になってしまっている。国家と公共性はまた別のものじゃないかと思うのです。さきほども言いましたが、日本はお上が近代化を進めてきたという経緯があるから、市民に「われわれが近代化を進めてきた」という気概がない。そこが大きな問題だと思うんですよね。これからの美術行政にはどうしても公共性という意識を入れていかなければいけない。つまり、「共有の財産」という認識が必要なわけです。

田中　たしかにアメリカの美術館には「私たちの財産」という感覚が強いように思います。フランス人もルーヴル美術館にある絵画はすべて自分たちの財産だと思っていますよね。それに対して日本では、国立や公立の美術館にある美術品を「自分たちのもの」ではなく、「国や県のもの」と思っています。

山本　でも、税金で買っているんだから、そこに住む人たちの財産です。国立近代美術館や東京国立博物館も、絵画や美術品を税金で購入している以上、それは国民の財産なのです。ところが、そこで働いている人たちもそれを「国民の資産」と意識していないかもしれません。活用してこそ資産価値を維持できるのに、活用するシステムができていない。もうそろそろ日本人も美術品を資産として考える「公の概念」をもたないといけません。それをしないと、資産を守り次世代に残すことができないからです。

3 グローバルスタンダードになれない日本の弱点

懐かしさと珍しさが「美しい」をつくる

田中　ところで、よく山本さんは文化と文明について話をされますよね？　この二つは似て非なる言葉だと思うのですが、山本さんが考える文化と文明の違いは何でしょう？　私自身はおおよそ、文化は個人レベル、文明は社会レベルと理解しています。参考までに『広辞苑』で調べたところ、文化と文明は似たようなものだという断りがあったうえで、「西洋では人間の精神的生活に関わるものを文化と呼び、技術的発展のニュアンスが強い文明と区別する」と書いてある。人間の心の動きに近い文化、技術のニュアンスが強い文明、という区別です。

山本　僕の考えもそれに準じています。もともとの実用技術は肉体的で文明的です。便利だとか不便だとか、社会生活に必要だったけれども、時が経てばさらなる文明の発展によって廃れることがある。廃れると、そこに懐かしいと感じる心が生まれる。その懐かしさを感じさせるものが出てきたときに初めて、アートの概念が生まれるのです。モノを実用しているときは心の問題でなくて生活の利便性、肉体的な問題だけど、部屋を片付けていたら小学生のとき遊んでいたブリキのおもちゃが出てきた。いまはもう売られていないブリキのおもちゃ。するとこのおもちゃに対する懐かしい気持ちがアートになって、数百円のおもちゃが数万円とかになって売買されるようになるのです。そんな懐かしさを含む気持ちが僕は文化だと思う。

田中　懐かしさがアートであり、文化なのですね。モノとしては昔と同じだけど、心理的に希少価値が上がるという考え方は興味深いです。それにしても「懐かしい」という感覚はアートと親和性が高いのですね。

山本　そのためには、モノがどこかで一度捨てられないといけない。浮世絵も明治になって山のように捨てられ、残ったものが時間を経てマーケットに出てきたからこそ懐かしさを感じるのです。それからもう一つ、この懐かしさに「珍しさ」が加わると、「美しい」になります。われわれが美しいと感じる絵は、懐かしさと珍しさを両方備えていることが多い。そのもっともわかりやすい例が**印象派**の絵画です。田中さん、印象派は好きですか？

田中　はい、大好きです。どの作者の絵も美しいと思います。そこに新奇性や珍しさを感じますね。ただ、懐かしさを感じるかと言えば、……正直、それはあまり感じません。

印象派
19世紀後半のフランスで起きた芸術運動。農村や都市といった日常風景を題材に、光を色彩描写によって描いたのが特徴。代表的な画家に、クロード・モネ、エドガー・ドガ、ピエール＝オーギュスト・ルノワールなど。

山本　でもね、われわれ日本人は印象派を見ると、「無意識に」懐かしさを感じているのです。なぜなら印象派は浮世絵の影響を受けているからです。

田中　あ、そうか、印象派は**ジャポニスム**の影響を受けていますからね。私たちは印象派の絵画のなかに間接的に浮世絵を見て、その色づかいや構図に懐かしさを覚えるわけですか！

山本　そういうことです。だから日本人は印象派が好きなんですよ。懐かしくて珍しいから。でも中国人や韓国人は、日本人ほど印象派を美しいと感じていないようです。そこに懐かしさを感じないから。でも、韓国人で若い頃にアメリカ留学した人たちは、アメリカの現代美術に「美しさ」を感じるのです。

日本のお手本はつい最近まで中国だった

田中　いまの「懐かしさ」の話は社会的レベルの文明の話でもありますよね。古

ジャポニスム
19世紀後半にヨーロッパで流行した日本美術ブーム。主に浮世絵が好まれ、印象派をはじめ多くの画家が影響を受けた。

今東西どの国も、他国の影響を受けながら自国の言語や芸術を変化させているということではありませんか？

山本　僕たち日本人の文明を見てみると、中国大陸からの影響を考えざるをえないでしょう。以前、中国人のある銀行の役員の方が訪ねてこられ、「なぜ日本には、これだけの中国美術品があるのか」と聞かれました。「なぜ日本人は、それらを1000年近く守っているのか」と。中国人にしたら、自国にない美術品が日本に残っているのが不思議だったのでしょう。それに対して僕は、「中国は僕たちにとって文明のお手本だから、お手本を大事にするのは当たり前でしょう」と答えたんです。その方はすごく感動していました。

日本にとって中国はずっとお手本でした。国づくりの基本となった「律令制《りつりょうせい》」、そして「仏教」、和紙や木工、漆、鋳造といった「工芸技術」、これらがお寺とワンセットになって、国分寺を全国に広めたときに同時に広がっていった。いまやわれわれのなかに生活文化として根づいている仏教は、すべて中国から伝来したものです。それは、唐に渡った**空海**が優秀だと認められ、たくさんの文献をもらっ

空海
くうかい（774～835年）、平安時代の僧。弘法大師として知られ、真言宗を開く。804年から留学僧として中国・長安へ渡り、2年で帰国。日本に仏教を持ち込んだ第一人者。

て帰ってきたことからもわかります。
　世界4大文明は、メソポタミア、エジプト、インダス、中国ですが、日本には中国経由でその他の文明も入ってきています。ずっと中国をお手本にしていた日本ですが、これまでに2度、手本を変えたときがあります。その一つが**千利休**の侘《わ》び茶。室町時代までは中国の美術品を書院に飾るのが大事なしつらいだったのですが、利休は和物のほか、朝鮮やフィリピンのルソン島など、アジア全域にその対象を広げていった。唯一のお手本だった中国が、そこからワン・オブ・ゼムに変わったわけです。もう一つのきっかけは、皆さんもよく知っている明治期の近代化。江戸時代までの価値観をガラリと変えて西洋をお手本にしたので、文明がそこで変わったわけです。

田中　ヨーロッパのお手本になったのはやっぱりギリシャとローマでしょうか？　**ルネサンス**でも、その後の**新古典派**でも、何かあるとすぐギリシャ・ローマ文明に立ち返りますよね、ヨーロッパは。

千利休
せんの・りきゅう
（1522〜1591年）、茶人。織田信長、豊臣秀吉に仕え、黒樂茶碗をはじめ、日本オリジナルの「侘び茶」を完成させた人物。秀吉に切腹を命じられて1591年に亡くなるが、その子孫は三千家（さんせんけ）として現在まで続いている。

ルネサンス
神を中心とした束縛から人間性の自由を解放しようと、14世紀のイタリアで始まり、16世紀までヨーロッパで起こった文化・芸術の動き。代表的な画家に、レオナルド・ダ・ヴィンチ、ミケランジェロ、ラファエロなど。

山本　現在の西洋文明のルーツをたどると、ヨーロッパの美術的な文明尺度はとりあえずギリシャに行きつきます。彫刻や演劇、詩など、どれもがギリシャです。ギリシャからローマに伝播《でんぱ》し、ローマ時代に熟成したキリスト教と相まって今日のヨーロッパに広がった。ただし、学問として進んでいたのはむしろイスラム文化でしょう。アフリカの北端を通ってポルトガルからスペインに入り、ヨーロッパのキリスト教文化のなかにイスラム文化が混じり込んだ。イタリアの記号学者であるウンベルト・エーコが書いたミステリー小説『薔薇の名前』（東京創元社）に異端の図書館が出てくるのですが、キリスト教よりもイスラム教のほうが明らかに知識力が大きいと書かれています。

田中　これは友人のギリシャ人に聞いた話ですが、ギリシャ人は財政悪化で破綻懸念が出てもあまり心配しないそうです。どれだけ国の財政が危ないというニュースを見ても気にせず酒を飲んでばかりいると。なぜかと言えば、「すべての文明はわれわれギリシャから始まったのだから、ＥＵ（欧州連合）が助けてくれるに決まっている」からだそうです。それを聞いたとき、冗談だと思いましたが、彼によれば「真剣にそう思っている人間が多い」とのことでした。

新古典派
16～17世紀のバロック、18世紀初頭のロココという芸術様式に対して、18世紀半ばからフランスを中心にヨーロッパで起こった、写実的な古典への回帰運動。

山本　ヨーロッパのなかでも、キリスト教と最後まで対立していたゲルマン人は、文明としては遅れています。また、書き言葉（文字）を残さなかったケルト人もブリテン島、いまのイギリスに渡り、そこでローマの支配を受けます。文字をもたない民族は、文字をもつ民族に征服されるのは歴史が証明しています。古代の和人も文字をもっていないので、「このままだと征服される」と考え、早くに文字を中国から輸入し、国をつくり、征服されずに今日に至っています。中国から取り入れたのは漢字ですが、漢字からカタカナと平仮名をこしらえました。その二つの補完によって、漢字だけでは表現できない、日本人的な、この国土に根ざした文字をもった。

いま大注目の「ランゲージ・アーツ」とは何か

田中　一つの文明をつくるという意味では、言葉は本当に大事です。先日、友人のタイ人が来日して、「この国は羨ましい」と言うのです。なぜなら、欧米のほとんどの知見が日本語に翻訳されており、日本語の書籍で読めるからだそうです。タイではそこまで翻訳が進んでいないので、英語を学ばない限り欧米の知識を取り入れることができません。彼は日本が羨ましいと言いますが、見方を変えれば、これは英語を学ぶ動機が少なくなるということでもあります。日本人の英語能力が低い最大の理由は、翻訳能力があったがゆえにですよね。タイ人のなかにすごい勢いで英語を勉強している人がいるのは、自国語だけでは世界の情報が手に入らないからです。

山本　日本人の翻訳能力が優れているのは、中国から文字を取り入れる時点ですでに翻訳を始めたことに尽きます。民族が滅んで文字だけが残った**西夏《せいか》文字**を解読したのは、日本人の**西田龍雄**です。西夏文字と同時期に生まれた中国の**女真《じょしん》文字**など疑似漢字系文字は日本の漢字と共通する点が多いので、研究者もほかの国に比べて日本は多い。日本人は翻訳してきた歴史が長いがゆえにその能力に長《た》けていると、僕は勝手に考えています。その代わりに、オリジナルをつくり出すのは不得意なのかもしれません。

西夏文字
西夏王朝（１０３２～１２２７年）初代皇帝の李元昊（りげんこう）の時代につくられた西夏語を表す文字。漢字を意識してつくられているものの、象形文字ではない。１９６０年代に解読された。

西田龍雄
にしだ・たつお（１９２８～２０１２年）、日本の言語学者。チベット・ビルマ諸語の研究に長年を費やし、西夏文字の解読が高く評価されている。

女真文字
淮河（わいが）以北を統治した金国（１１１５～１２３４年）の文字。初め女真語に合わせて女真大

田中　もう一つ、歴史のなかで日本の言語的な特徴を挙げると、植民地になった経験がないこと。アジアでもアフリカでも、植民地になったところは宗主国の言葉をいまも使っています。しかし植民地になったことのない国では、他国語を強制されることなく、母国語を使い続けます。タイものらりくらりとやりながら植民地にならずにすみました。そんなタイと日本の国民性には大きな共通点があります。それが「言語ベタ」であること。特にいわゆる高年齢男性〝おじさん〟の言語能力が低いのです。

山本　それはわが国の国家や企業などの統治システムも影響しているかもしれません。若い優秀な人が現場を支える構造です。テレビドラマの『半沢直樹』の世界ですね。

田中　おっしゃる通りで、おじさんの言語能力が低いのは、儒教の影響で「年長者がえらい」空気が強いからです。会社では部下が、自宅では奥さんが、政界では官僚が先に考えて動いてくれる。だから上司の男はどんどん言語能力が衰えていくわけです。会社でえらくなればなるほど部下が忖度《そんたく》してくれるし、家に帰っ

字をつくったが、これが読みづらく、より簡素化した女真小字をつくった。金国滅亡後も200年間、この文字が使われていた。

ても、「メシ」と「フロ」しか言わないですむ。こうして「必要なことを具体的に言葉にして伝える」能力がどんどん下がっていくのが日本人なのです。

山本　ヨーロッパなどは小学校でも、同じクラスに違う言語を話す子どもがたくさんいるでしょう。その環境だとすべてを言葉にしないと何も伝わりませんね。

田中　そうなんです。だからヨーロッパでは小学校の高学年が「ランゲージ・アーツ」を学びます。これは日本語では「言語技術」と訳されていますが、まずは母国語の前に、「言葉で他人とコミュニケーションする方法やコツ」について学びましょうという内容です。ヨーロッパの場合、それを学ばないと小学生でもコミュニケーションがとれないのですね。これは子どもだけの話ではありません。いまやグローバル経営の時代、職場にもさまざまな人種の方がいます。そんな環境では、大人も部下の忖度に期待しないで「自分の意図が相手に伝わるように的確に言葉を選ぶこと」を練習しないといけません。

山本　最近のグローバル企業はそんなことを学んでいるのですか？

田中　ほんの一部ですが始まっています。ＪＡＬ（日本航空）は２０１２年から言語技術研修を導入したそうです。日本人パイロットは身体能力、判断力、倫理性などは世界中でもっとも高レベルにあるらしいのですが、唯一、低かったのが言語技術だったそうです。何が起こるかわからない空の上、危機迫る状況のときに理路整然と言葉で説明ができないといけません。ここで問題は、英語が不得意だからそうなっているのか、それとも英語以前に言葉で意思を伝える（コミュニケーション）が下手なのか。どうやら「英語以前にコミュニケーションが下手」という認識で言語技術研修を取り入れたようです。

　実はさきほどのタイでも同じように、パイロットの言語技術が低かったそうです。植民地経験がないと、コミュニケーションが下手になるんですね。

英語よりも大切な「言葉で伝える」技術

山本　「言葉で伝える能力」の大切さはよくわかります。よく僕も絵を買いたい人にこんなアドバイスをします。まずはギャラリストやアーティストから買いたい絵について説明を聞きなさい。そこでは、その絵や技法が生まれてきた由来が話されると思います。次にそこで聞いた説明を第三者である僕に再現してみてください、と。それが再現できないなら、絵を買うのをやめたほうがいいと忠告します。

田中　それは興味深い話ですね。画商の言語技術も問われますが、それ以前に、その絵の「歴史的位置付けや魅力」が理解できないとダメだということですね。この語るべき「歴史的位置付けや魅力」が、山本さんのよく言う「文脈（コンテクスト）」ですね。

山本　そうです。そこをいいかげんにすませてはいけません。コンテクストがしっかりしていないと、人から説明されても理解できません。さらに理解するだけでなく、それを人に説明できてやっと本物です。そこまでコンテクストがしっかり存在していて、自分が理解できていることが絵を買う最低条件だと伝えます。

田中　ビジネスの現場にも通じるお話です。言葉は文明をつくるだけでなく、私たちの日々の生活や仕事にも重要です。さきほどのJALは、パイロットが取り入れた言語技術研修をすべての管理職に広げたそうです。たとえば整備の場面で「あれ、直しといて」ではまずいですからね。どのネジを、どういう目的で、どのように整備し、どうチェックするのか。それをぜんぶ、言語で明確に言わないと場合によっては事故につながってしまいます。

山本　結局われわれ日本人は、英語の前に日本語のコミュニケーションも下手だということですね。日本人だから日本語ができると思ったら大きな間違いだと。

田中　そうです。グローバル社会に乗り切れない日本人はその原因を「英語ができない」ことに求めますが、それは間違い。英語もそうだけど、日本語も下手。つまり何語だろうが、言葉を使うことが下手くそなのです。そこを間違わないで自覚すべきということですね。

　あとは日本人ビジネスパーソンは自分の個性を殺して、「〇〇社の社員」として生きることが多いですよね。日本語では「ウチの会社」と言うし、英語で自己紹介するときも、「I belong to ○○」と言います。これを聞いた外国人は「従属しているのか！」と驚きます。彼らの場合は「work for」、つまり○○社のために働いていると言います。これが「belong to」になる文化はおそらく日本だけでしょう。これは会社に入ると個性が消えることを意味します。自分が何者かもわからない。これではなかなか海外ビジネスパーソンと人間同士の文化的な付き合いができません。もはや英語の勉強ですむレベルの問題ではありませんね。

4　「文化と文明」を明確化する視点をもつ

美術における「共通の土台」とは何か

山本　僕たち近代人にとって大切なのは、美術でも会計でもあらゆるジャンルで「共通の土台＝インフラストラクチャー」とは何かを考えることです。「全世界共通」という基盤がものすごく公共性にかかってくる。言語を例にして説明しましょう。これは英語ネイティブの在日韓国人の話なのですが、彼が著名な建築家のアトリエで働いていたとき、その建築家の話す相手が日本人スタッフと外国人スタッフとでは明らかに態度が変わってしまうそうです。日本語のときは権威的なのですが、英語になるとフランクになる。言語というインフラによって思考が切り替わる、これは面白いと思いました。

田中　共通基盤としての文明は、技術などハードだけでなく、言語のようなソフトによっても大きな影響を受けます。たしかに言語はさきほどの公共性を超えた、共同体感覚を規定する面があります。言葉が仲間内の空気をつくり、やがてそれが大きくなって、その地域の文明に影響を与えていくわけですね。

山本　僕は英語が話せないのでドメスティックな発想かもしれませんが、美術に関しては知識があり、**マルセル・デュシャン**を知っていれば、僕はヨーロッパ人ともある種の「共通の土台」をもっていると言えます。

マルセル・デュシャン
（1887〜1968年）、フランス生まれの美術家。男性用の小便器を展示した《泉》など、当時は批判されたものの、いまではアメリカのコンセプチュアルアートの先駆け的存在として知られている。その他の代表作に《階段を下りる裸体 No.2》《彼女の独身者たちによって裸にされた花嫁、さえも》など。

田中　それは言語とは別に、芸術という「共通の土台」をもっているということですね。たしかにそれなら英語が話せなくても外国人と仲良くなれます。芸術という共通の土台をもとにコミュニケーションをとれる。英語は誰かに通訳してもらえばすみます。私も山本さんと知り合いになり、絵画について少々詳しくなったことで、日本人・外国人を問わずコミュニケーションの幅がずいぶん広がりました。これまで仲良くなれなかった人とも会話が弾むようになりました。

ところで、美術にもグローバルなインフラは何かありますか？

山本　美術の近・現代を支える「文明」としての大切なインフラが「ホワイトキューブ」です。世界のどこでも国立・公立・私立のギャラリーは「真っ白い空間」です。この真っ白い空間が生まれて、額縁が絵画から外れたと言ってもいい。第二次世界大戦以前までは、絵は額縁に入れて展示されていた。１９５０年に開廊した東京画廊も当初は近代美術からスタートしたので、壁はクロス貼りでした。ホワイトキューブに作品を並べるというのは、アメリカで１９２９年にできたＭｏＭＡが最初です。

ホワイトキューブの登場で絵画は額縁から自由になりました。われわれはギャラリーに展示する際、絵画を額縁に入れないで飾ります。絵画は額縁から自由になり、彫刻は台座から降り、インスタレーションというものが現れる。そしてメディアアートになっていった。これがホワイトキューブという、近代美術における世界共通のインフラができたことによる功績です。

田中　ホワイトキューブに現れるインスタレーションとは何ですか?

山本　インスタレーションというのは、この空間内で彫刻とか絵画という概念にとらわれず、空間全体を一つの作品とする表現です。この仮設性からバーチャル空間に向かい、現代のメディアアートに至ります。ホワイトキューブの空間があれば日本でもアメリカでもアーティストの展覧会がやりやすくなります。日本のアーティストでもヨーロッパのギャラリーで展示できるのは、ホワイトキューブという共通の様式があるからです。

田中　インスタレーションは有名なインスタグラムの親戚かと思ったら、全然違うものですね。インスタグラムは「インスタント」＋「テレグラム」。インスタレーションは「インストール」のほうで据え付けの意味ですか。会場である空間全体が作品なのですね。

絵画取引で大切な「持ち運びやすさ」

山本　絵画と空間の関係は重要です。たとえば**フェルメール**を考えると、当時オランダの建築空間は小さかったので、どうしても描く絵が小さくなっていく。描く絵が小さくなったから商品として売買しやすい。かつては主要な注文主が大作を飾る王侯貴族だったものが、だんだんと豪商に広がったので、絵画が小さくなったという事情もあります。やがて産業革命が海を渡り、アメリカという市場が発展して、そこで再び大きい絵が描かれるようになりました。ヨーロッパでは印象派でも大作は少なく、**ピカソ**だって１２０号（長辺１９４０㎜）なんてまずない。**クロード・モネ**の《睡蓮》や**アンリ・マティス**の《ダンス》などは別ですけど、やはり大きい絵は、世界をリードするアートの中心がアメリカへ渡ってからなんです。

フェルメール
ヨハネス・フェルメール（１６３２〜１６７５年）、オランダの画家。バロック時代の画家であり、中産階級の家庭風景を描き続けた。カメラで撮ったような、巧みに描いた光が特徴。代表作に《真珠の耳飾りの少女》、《牛乳を注ぐ女》など。

ピカソ
パブロ・ピカソ（１８８１〜１９７３年）、スペインの画家。キュビスムの作品が有名だが、ピカソは生涯でもっとも表現を変えた作家であり、それぞれ「青の時代」「ばら色の時代」「アフリカ彫刻の時代」「キュビスムの時代」と区分される。もっとも多作な画家でもある。代表作に《アヴィニョ

田中　土地の広いアメリカで描かれた大作の絵を、アメリカで売買して展示するなら問題ないですが、デカい大作を海外に売却しようとすると、輸送の問題が出てきませんか？　コストも高そうですし。そのあたり、グローバルな絵画売買はどのような状況なのでしょうか？

山本　大きい絵の値段が高くなったのは、展示するための大きな空間と、輸送する技術や倉庫ができたからです。たとえば、150号（長辺2273㎜）の絵をオークションで買ったとしても、それを日本に運ぶにはものすごく運送や保険のコストがかかります。美術品の運送技術が発達しない限り、絵はグローバルに売り買いされません。そこでも文明的なインフラが重要なんです。たとえば、僕のお客様がハワイにコンドミニアムを買った。大きい絵をかけたいと言うので、日本から大きい絵を送ろうとしたのですが、ハワイには美術品が送れない。ハワイに直送できないので、まずロサンゼルスに送り、そこからハワイに運ばなければなりません。家財は問題ないのにアートは送れませんでした。ハワイには美術品輸送を引き受ける専門業者がいなくて、保険などがかけにくいからだと思います。

ンの娘たち》、《ゲルニカ》など。

クロード・モネ
（1840～1926年）、印象派を代表するフランスの画家。自然界の光に強く惹かれ、天気・気候・時間などで変化する自然を巧みな描写でとらえた。代表作に《印象・日の出》、《睡蓮》など。

アンリ・マティス
（1869～1954年）、フランスの画家。写実主義ではなく、心で感じる色彩など主観を大切にした「フォーヴィスム」の代表的画家。主な作品に《緑の筋のあるマティス夫人の肖像》、《生きる喜び》など。

田中　日本では**寺田倉庫**が免税で海外取引に使われたという話を聞いたことがあります。

山本　そう、寺田倉庫は保税の許可を取ったんです。これもインフラづくりの一歩です。世界から日本に入ってきた絵に保税措置が適用されないと、僕の画廊にもってくるだけで10％の消費税を支払わなければなりません。１０００万円の絵でも僕の画廊に入る時点で１１００万円となり、お客様が買わないと１００万円は当画廊が負担しなければなりません。ところが、輸入するときに寺田倉庫の保税エリアに送っておくと、課税されずにお客様に見せることができます。お客様が購入を決めたときに消費税１００万円を払って、寺田倉庫から納品できるのです。

だから**アンディ・ウォーホル**の絵を国内のお客様から預かって、アメリカのコレクターに買ってもらったときも、アメリカのちゃんとした倉庫会社に絵を預けました。お客様にはその倉庫に行って絵を見てもらう。倉庫でお客様がその絵の

寺田倉庫
東京・天王洲アイルにある倉庫業者であり、２０１６年にはアートの総合施設をオープンした。

アンディ・ウォーホル
（１９２８～１９８７年）、20世紀アメリカを代表する美術家。写真、広告、ポスターなどを源泉とするポップアートの旗手として活躍。カラフルなシルクスクリーンでマリリン・モンローやキャンベル缶が繰り返される作品はあまりにも有名。

購入を決めたら代金を東京画廊へ振り込んでもらい、その後、倉庫会社に「購入したお客様が取りに来たら渡してくれ」と連絡します。倉庫会社が責任をもって絵を見せてくれるので、作品をもっていかれることもないし、僕たちも安心なわけです。そういうシステムがいま、世界中で生まれています。

田中　ということは、保税倉庫も絵画界の「文明」発展と言えるのでしょうか？

山本　ものすごくプリミティブ（原始的）な文明だと思います。絵画取引はモノと貨幣の交換です。一番プリミティブな商業取引ですよ。絵画をさきに渡したら振り込まれないこともあるし、反対に、購入者は振り込んだけど絵画が来ないリスクを考えなければなりません。そういう危険性を排除して取引を成立させるために、運送会社の倉庫は世界共通の大事なインフラなのです。

「古いものに新たな光を当てる」

田中　こうして話を伺っていると、聞き飽きた消費税の話を、いつもと違う視点から見ることができます。こうした「視野の広さ」を与えてくれるのが、私にとっての絵画の魅力です。画家の名前に詳しくなることではなく、絵の技法に詳しくなることでもなく、物事の見方が広がること。絵画を学ぶうち、いわゆる美術の文脈を意識するわけですが、そこに私の専門である簿記や企業、マーケットの歴史が交差するんですね。それによって、これまで当たり前だった知識に新しい光が当たりだす。どんどん仮説が生まれて考えだす。いろいろなことを確かめたくて海外に出かける。挙げ句の果てに山本さんと対談ができて本がつくれる(笑)。こんな好循環はめったにありません。

山本　当たり前だったものに新しい光が当たったという意味では浮世絵ですね。浮世絵はもともとアートじゃなかった。浮世絵が西洋に流れて、アートだと価値の質的転換が起きた時点から、浮世絵を残そうとする歴史的価値が生まれる。残そうという概念が生まれなければ浮世絵はただの包み紙になり果て、どんどん捨てられてしまいます。だからつくられた当時は実用品であっても、長い年月の間に何らかの理由でアートに格上げされると残される。建築物も、最初は事務所として使っていたとか実用物だったんだけど、何年も経っていくうちに味が出てきたとか、この様式はすでに滅んでしまったとかで希少価値が上がっていくと、アートとして建築物を見るようになります。

田中　その話は、古いものを捨て、常に新しいものを追いかけるビジネス界への警鐘に聞こえます。イノベーションには、古いものを破壊して新たな世界をつくるだけでなく、「古いものに新たな光を当てる」道もあるんですね。

山本　他の国には類型がない**式年遷宮**にもそういうところがあります。伊勢神宮の建て替えも、僕は一種のアートイベントだと思う。アートの概念がこれから世界のなかで起こってくると、製造業よりはリサイクルショップのようなセカンダリーが流行するようになる。着物でも江戸時代に武家から出てきた中古品の絹織物を庶民に売るために越後屋（現在の三越）が出てきたように、東京の高円寺に行くと1960年代の不思議なシャツとかがセカンダリーとして売られている。

式年遷宮
伊勢神宮では、20年に一度すべての社殿をつくり替えている。老朽化の問題から行っていると見られ、現在まで1300年間行われている。次回は2033年の予定。

江戸時代の三越と似ているなと思って、ときどき買いに行きます。でも、そのためにはどこかで一度、捨てられないといけない。浮世絵も山のように捨てられ、場所を変えて時間を経てマーケットに出てきたからこそアートになりました。もし江戸時代の浮世絵が明治になってもぜんぶ残っていたらアートにならず、マーケットで扱わなかったでしょう。

共通化された世界のなかで大切な「差異」

山本　いまの世の中はグローバルスタンダードの名のもと、みんなが同じ文明インフラをもつことになった。同じインフラをもつようになると、面白いもので、次は差異を考えるようになるんです。同じ日本人だけど、僕と田中さんの差異を考えると出生地になります。僕は東京都で、田中さんは三重県。ああそうかって差異について考えるようになるんです。これがいま、資本主義のなかで起こっています。

田中　いったん共通化が起こると、その次には差異を求める動きが起こるのですね。それで差異が大きくなって戦争が起きたりすると、また共通の平和を求めるほうへ振れる。共通化と差異化を行ったり来たりするわけですか。ビジネス界だと、スタンダード（標準化）から差異化へ向かっている。

日本列島という島国に英語やコンピュータなどのグローバル文明がやってきたことで、次は新しい日本固有の文化が生まれてくればいいですね。このままグローバルに同化するだけでは面白くないし、それでは経済的に沈没してしまう。

山本　絵画だと**ファン・エイク**が油絵の具を介して板絵に作品を描きました。16世紀半ばから布のキャンバスが普及して、オイル・オン・キャンバスがグローバルスタンダードになった。次のステップではその上に何を描くか？　ここで差異化が起こるわけです。日本人が描く油絵と、フランス人やロシア人が描く油絵は似て非なるものになりました。さらにそのあとで、固有文化として描かれた油絵を美術館に集め、さまざまな地域の人に見せると、グローバルスタンダードになります。こうして言語以外の文明と文化が美術館で展示されるわけです。

ファン・エイク
ヤン・ファン・エイク（1395頃〜1441年）、初期フランドル派の画家。15世紀前半のもっとも偉大な芸術家であり、ファン・エイクの油絵の技法により、その後の美術は大きな進化を見せたと言われている。代表作に《ヘントの祭壇画》、《アルノルフィーニ夫妻像》など。

フランク・ゲーリー
（1929年〜）、アメリカで活動するカナダ・トロント出身の建築家。ビルバオ・グッゲンハイム美術館のほか、日本では神戸港にある巨大オブジェ《フィッシュダンス》をデザインした。

アーティストが街の個性をつくる時代

山本　それからもう一つ、文明や文化の共通基盤で重要な話をしましょう。**フランク・ゲーリー**が**ビルバオ・グッゲンハイム美術館**という巨大な建築をつくりました。近代以前は教会やお寺のような宗教施設は、その土地の文化の上に文明として乗っかっていました。近代化によって建物のなかは同じになってしまい、モダン化された建築物によって東京や上海、北京、どの都市も外観が同じになった。それが文明だとすれば、そこから差異をつくって抜け出さないと観光収入が稼げない。だから建築家の個性的なデザイン力で、あのとんでもない建築をビルバオにつくった。僕は、あれこそ現代の新しい宗教施設だと思っています。

田中　共通化と差異化が交互にやってくるとするなら、美術館についても公共性という共通化がひと通り浸透したあとで、いまは差異化を考えるときが来ているのかもしれません。たしかに世界中の美術館を訪れるとその流れを感じます。それは建物のユニークさであったり、陳列の仕方であったり、美術品コレクション

ビルバオ・グッゲンハイム美術館
スペイン北部、バスク州にある美術館で、主に近現代の美術を取り扱う。開館は1997年。設計はフランク・ゲーリーであり、彼のもっとも重要な建築物の一つに数えられている。なお、ビルバオの街は美術館が建って以降、アートの街に変貌した。

イオ・ミン・ペイ
（1917〜2019年）、中国系アメリカ人の建築家。ルーヴル美術館のピラミッドがもっとも有名。日本の滋賀県にある博物館「MIHO MUSEUM」（1997年開館）なども設計した。

の選び方であったり、あるいはイベント企画の開催方法であったり、「わが美術館のユニークさを出そう」という意気込みを感じます。それを行わないとお客さんに来てもらえず、運営収益がきびしいという面があるのかもしれません。コロナショックで集客がきびしくなるとユニークさを打ち出す傾向がいっそう強まるはずです。その際、その土地や地域の固有性を反映させる姿勢はとても重要であるように感じます。

山本　これからの美術館は、建築家個人がその土地の固有性を解釈して美術館をつくったほうが、個人表現としてのアートを展示する美術館と合うんじゃないかと思います。宗教建築には必ず、門はこうつくりなさい、神殿はこう、ここに祭壇があって……と決められた様式がある。でも、現代建築は美術のように個々の建築家に委ねることで、国家そのものを表現する領域に入ってきました。ただし、あくまでもそれは個人である建築家が解釈する表現です。いま世界では表現というものはすべて個人を主軸にして起こっている。たとえ国家がこうしたいと考えても、社会主義以外では最終的に個人に委ねられる。ルーヴル美術館は、**イオ・ミン・ペイ**という建築家に三角形のドームをつくらせたし、**大英博物館**は

大英博物館
イギリス・ロンドンにある世界最大級の博物館。開館は1759年。美術品だけでなく、考古学的な遺物や工芸品などを所蔵する。

ノーマン・フォスター
（1935年〜）、イギリスの建築家。2000年に大英博物館グレート・コートを設計。入ってすぐのホールがグレート・コートで、ガラス張りの天井で自然光を取り入れつつエコを実現している。

ポンピドゥー・センター
フランス・パリ4区のサン＝メリ地区にある総合文化施設。正式名称はジョルジュ・ポンピドゥー国立芸術文化センター。公共情

ノーマン・フォスターという建築家に改造させた。**ポンピドゥー・センター**は**レンゾ・ピアノ**と**リチャード・ロジャース**の２人の建築家の設計です。だから国家は、たとえば**ジャン・ヌーヴェル**を使うということで表現するというように、どの建築家を使うかが問われる流れになっています。

近代化によって、そこに暮らす人々は共通性・普遍性である「文明」と、特殊性・地域性である「文化」の違いを考えなければならなくなりました。アート的思考もこれらの知識なくして成り立たないにもかかわらず、教養として教えられていません。アートが日本に浸透しなかった理由もそこにあるのではないでしょうか。

報図書館や国立近代美術館、映画館、多目的ホールなどで構成されている。1977年開館。

レンゾ・ピアノ
（1937年〜）、イタリアの建築家。ポンピドゥー・センターのほか、関西国際空港旅客ターミナルビルも重要な作品の一つとして知られている。

リチャード・ロジャース
（1933年〜）、イギリスの建築家。機能主義的・ハイテク志向の建築デザインで知られている。2012年にはノーマン・フォスターとともに、新国立競技場のコンペ審査員（国外代表2名）を務めた。

62

ジャン・ヌーヴェル

（1945年〜）、フランスの建築家。フランス・パリにある「カルティエ財団現代美術館」のようなガラスを用いた設計が特徴。2002年には東京・汐留にある電通本社ビルを設計した。

第2章

簿記という芸術的なプラットフォーム

1 文明としての簿記はどうできあがっていったのか

世界最大の共通言語は「アラビア数字」だった

田中　グローバルスタンダードにとっても「共通の土台」は必須ですよね。これだけスマートフォンが浸透した背景には、アップルとグーグルという二つのプラットフォームがあるわけで、世界中の人が同じインフラを使っているのが大きなポイントです。会計では、全世界が同じ簿記システムを使っていますし、そもそも数字が世界共通です。つまり、世界で一番使われている共通言語って、実は英語やスペイン語ではなくてアラビア数字なんです。アラビア数字と簿記、この二つの共通システムによって世界中のどこでも通じるわけです。このグローバルスタンダードは強力です。

山本　文明というのはグローバルスタンダードでなければ意味がない。文化はそれぞれの土地で醸成されたものですが、文明は共通の基盤。その違いを明快にしたのが田中さんの『会計の世界史』です。会計のルールや制度は国によって違っても、簿記のような共通基盤があることでグローバルスタンダードとして成立し、進化できる。そのことを伝えるために、会計の世界史と美術の文化を結びつけ、連動させて説明したことが素晴らしい。**フィンセント・ファン・ゴッホ**はみんな知っているし、**レオナルド・ダ・ヴィンチ**も知っている。それと会計が歴史的に連動していることによってみんな理解しやすくなります。小難しい会計学は専門家に任せて、会計の大枠と日常生活に馴染《なじ》んだ文化としての会計を知ることが近代人にとって必要です。

大いなる発明を導いたあるイタリア人数学者

山本　ところで、簿記の成立にとって、アラビア数字が発展したことはやはり大

フィンセント・ファン・ゴッホ
（１８５３～１８９０年）、オランダの画家。ポスト印象派で活躍し、大胆な色づかいとブラッシュストロークで、20世紀の美術界に多大な影響を与えた。代表的な作品に、《星月夜》、《自画像》など。

レオナルド・ダ・ヴィンチ
（１４５２～１５１９年）、イタリアの画家。ルネサンス期を代表する芸術家であり、ダ・ヴィンチが描いた《モナ・リザ》は世界でもっとも有名な絵画の一つ。その他の代表作に、《最後の晩餐》、《岩窟の聖母》などがある。

きかったのでしょうか?

田中　はい。それにはイタリア人が大きな役割を果たしています。イタリアの数学者、レオナルド・フィボナッチです。彼がインド・アラビアから導入したゼロの概念によって西洋の数学が大きな発展を見せます。それまで使っていたローマ数字にはゼロの概念がありません。たとえば、18、108、180はそれぞれXVIII、CVIII、CLXXXと書かれます。引き算するときは、この長い文字列から文字を一つずつ引いていくのでややこしいし、掛け算や割り算は簡単にはできない。だから、ローマ数字を使っていた時代には四則演算は一般に発達しませんでした。

そんななか、13世紀にフィボナッチによってヨーロッパに導入されたのが、今日世界中で使われているアラビア数字です。彼は貿易商だった父親と一緒に住んだアルジェリアでアラビア数字と出会いました。これはなんと便利な表記だと感動して、『算盤《そろばん》の書』を出版しました。ここで彼は「インドの方法」としてアラビア数字や位取りについて紹介したのです。

山本　ゼロと位取りによって足し算が楽になる。１００＋15でも桁をそろえて足せるから計算が速くなるわけです。０はインド、１はアラビア、それぞれの文化を組み合わせてグローバルな文明の道具にした。数字や四則演算が世界性をもつに至るもとがそこにあるわけです。考えてみればすごいことですよね。同じ数字を共有することで、帳簿を見れば民族や国家を超えて、たとえば企業の経営内容や売り上げが理解できるようになったのですから。

だから文明と文化の違いは、文化は地域の表現だとすると、文明はそのなかの一つもしくは組み合わせによる普及と言えます。いま僕たちが暮らしている西洋的な近代社会も、もともとはどこかの地域の文化だったはずです。その地域のための表記を簡易に記号化してみんなに共有させることで世界に広がった。それがその数字、そして会計の根本じゃないかなと思うんですよね。これによってマーケットを発展させ、多数の人間が参加できるようになった。

資本主義を発達させた「金利」という概念

山本　13世紀に第4回ラテラノ公会議でキリスト教が金利を認めたわけですが、アラビア数字による計算方法を使うと、金利の計算が速くできる。それがきっかけとなり、経済システムに金利が導入されました。金利は価値の自己増殖を意味します。それまでは神がすべての価値を生んできた。しかし金利が自己増殖を始めると、人間が価値の創造を始めることになります。その価値の増殖を、個人の命の時間に限定することはできないので、「法人」という概念が生まれたそうですね。

田中　ルネサンスに縁の深いメディチ家の簿記はアラビア数字を使っています。コジモ・デ・メディチの時代はまだローマ数字とアラビア数字が混在していましたが、メディチ家は計算しやすいアラビア数字を用いていました。彼らが儲かった理由の一つはそこにもあるのかもしれません。

メディチ家全盛の時代に、イタリアでは**ルカ・パチョーリ**の『スンマ』という

ルカ・パチョーリ
（1445〜1517年）、イタリアの数学者。若いときから数学を学び、ナポリ大学やローマ大学で教鞭をとった。1494年、『スンマ』という数学書を発表。これにより複式簿記が学術的に説明されたことから、「簿記会計の父」として知られている。

数学についての百科事典的な書籍が出ています。ここで簿記についても解説がありますが、そこではローマ数字とアラビア数字を並列して解説しているんです。ご丁寧に「カッコつけたかったらローマ数字で書いてもかまわない」というアドバイスがあります。計算に便利なのはアラビア数字だけれども、格調高い帳簿をつけたければローマ数字を使いなさい、という助言です。

山本　それは面白いですね。当時の商人は実用性を取るか、それとも格調の高さを取るかという二者択一に悩んでいたわけですね。美術界でも、まだローマ数字で版画のエディションナンバーを書くアーティストがいます。「120分の1」というのはアラビア数字ですが、このときにローマ数字を使うんですね。さすがに日本では和数字を使うアーティストはいないかな。イタリアから使われはじめたアラビア数字から資本主義が生まれたとするなら、そこから近代社会のグローバルスタンダード化が世界に広がったと考えてもいいのではないでしょうか。

未来を否定するキリスト教との矛盾

山本　そもそもキリスト教は人々に未来がないと教えているんです。未来は神のみぞ知るものだ、と。宗教の最大の問題はそこにあると思う。人々には未来がない。ただ、いまを生きるだけ。だから近代以前は教会や寺の鐘が時刻を教えていました。僕たちは未来があるって当然のように思っているけど、江戸時代の町人は、未来なんて考えたことないと思う。だからお金が入ると刹那《せつな》的になる。

田中　「宵越しの金はもたない」って考え方ですね。しかし未来がないと考えてしまうと、将来への投資は止まってしまいますよね。明日もまた続くと思って、その未来を明るくするために投資するわけですから。

山本　その未来への投資がキリスト教の教えと相容《あいい》れなかった。ところが、金利を認めてしまったものだから、未来を考えざるをえなくなります。金利っていうのは明日入ってくるものですから。

田中　しかも個人の命は宗教に関係なく有限ですが、法人は明日から先もずっと残る永遠の命をもちます。それにしても、金利と法人の概念が未来への意識につながっているとしたら、これはずいぶんロマンチックな話ですね。それとともに、メディチ家より以前の銀行家が商売上「人的つながり」を意識したこともよくわかります。いまの儲けを増やすうえで一番手っ取り早いのは「人とのつながり」ですからね。それとともに新興勢力のメディチ家が新たに簿記などの内部システムや、外部情報の収集・分析に力を入れたことも納得できます。メディチは命の概念が個人の有限から法人の無限に変わる過渡期において、設備投資より「仕組みや情報の重要性」に気づいて、そこに力を注いだわけです。

アラビア数字の普及をあと押しした活版印刷

山本　アラビア数字、金利、そして簿記。これらの発展に欠かせない存在が書籍です。書籍という情報の媒体があったから、これらがヨーロッパに広まりました。**ヨハネス・グーテンベルク**が１４５０年頃に発明した印刷機は書籍を通じてグロー

ヨハネス・グーテンベルク　（１３９８頃〜１４６８年）、ドイツの金細工師、印刷業者。活版印刷技術の発明者として知られる。それまでの写本や木版よりも生産性が高く、爆発的に普及、ルネサンスや宗教改革に多大な影響を与えた。現在の商業出版はＤＴＰが主流だが、名刺などではいまも活版印刷が用いられることがある。

バル化に大いに貢献しました。実は活版印刷の誕生直後、一番たくさん刷った本は聖書なんです。

話は少し脱線しますが、聖書を紙で刷ることができたために**プロテスタンティズム**が生まれました。バチカンのローマ法王のところに行かなくても、聖書があれば誰でも神と接することができる。いまでも世界中の有名ホテルには聖書が置いてありますね。それはヨーロッパで印刷技術が発達したおかげです。絵画で言えば印刷技術が発達したおかげで、1520年、ネーデルラントの画家、**ルーカス・ファン・レイデン**がエッチングの版画を制作しました。古い歴史をもつ日本の木版は、手軽に利用できる代わりにあまり量が刷れない。一定量以上を刷るとつぶれたり割れたりする。丈夫な銅版だと量が刷れるから圧倒的に有利なんです。いま僕たちが使っているお札はエッチングです。そういう点でも美術と実生活は密接につながっています。

田中　活版印刷の技術自体をつくったグーテンベルクはドイツ人です。つまり技術はヨーロッパの北方で生まれました。気候が温暖で農作物が豊富な南に対し、ド

プロテスタンティズム
16世紀、マルティン・ルターによる宗教改革で生まれた諸派。ローマ・カトリック教会を批判し、主な原理としては、伝承ではなくあくまで聖書が信仰の根拠であり、神の前では皆平等である万人祭司の原理などが挙げられる。

ルーカス・ファン・レイデン
（1494～1533年）、ネーデルラント（オランダ）の画家。ルネサンス期に活躍し、主に銅版画で作品を制作したが、当時はまだ珍しかったエッチングの版画にも取り組んだ。代表作品に、《ロトと娘たち》など。

イツなど北の地方はモノづくりで頑張るしかなかった。だから優れた技術は北の地域で生まれることが多いです。活版印刷もドイツだし、高級時計もスイスですよね。一方、南は素材系に強いのです。本をつくるためには紙が必要ですが、その紙が普及したのはスペインとかイタリアといった南の地方。紙が普及するまでは、羊や山羊《やぎ》の皮を引っ剝がして鞣《なめ》した羊皮紙が使われていました。羊皮紙は高価なうえ、あまり分量が書けず、しかも書き直しができないというデメリットがありました。そこに登場したのが、東方からスペインやイタリアに入ってきた紙です。こうして北の印刷技術と南の紙素材の組み合わせで本ができあがりました。

北の誇る活版印刷技術はアルファベットとの相性が抜群によかったんです。アルファベットは文字数が26個しかないので、活版印刷に向いていた。これに対してアラビア語のふにゃふにゃした文字は活版印刷に向かなかった。アラビアの生んだ数字はヨーロッパに対して優位性がありましたが、活版印刷の誕生以来、文字情報については圧倒的に劣位になった。そんな情報格差をきっかけに、東西で経済格差が生まれてきたわけです。ルネサンス以降、ヨーロッパのほうではすごい勢いで経済や文化が発達して、インドやアラビアは完全に置いていかれた。活版印刷の登場以来、西側が優位に立ち、格差は広がっていったわけです。

山本　なるほど。おそらくルネサンス以前の文明の帝国はローマだからでしょうね。ローマ帝国の次のヨーロッパに新たにアラビア数字が入って文明になったということになる。

田中　ローマの伝統があるヨーロッパは、敵国アラビア諸国の数字を使うことに相当抵抗があったのではないでしょうか。実用性に優れていることは頭では理解できても、気持ち的にどうしても使いたくなかった。だから政治家でも商人でも芸術家でも「昔にこだわる」人は格調高いローマ数字を使い続けたのでしょうね。その点、日本人は変わり身が早いですよね。便利だとわかった瞬間に和数字を手放してしまった。いまや漢字の和数字を使うのは結婚式のご祝儀くらいですが、これもオンラインでご祝儀をやり取りする時代になると消えてなくなるでしょう。もはや風前の灯《ともしび》ですね。

2 数学的発想で絵を描くということ

絵画と数学をつなげて考えた巨匠ダ・ヴィンチ

田中　フィナボッチから始まって、イタリアがインド・アラビア数字を取り入れたのが、美術で言うとレオナルド・ダ・ヴィンチの時代です。『会計の世界史』にも書いたのですが、ルカ・パチョーリという人物が大きな鍵になっています。彼が１４９４年に書いた『スンマ』がバカ売れしたのは、その頃、数学についての基本書がなかったから。四則演算すらできない人々に、『スンマ』はそれを親切に教えてくれた。その著者であるルカ・パチョーリとダ・ヴィンチがミラノで出会っているんです。そして、ダ・ヴィンチはこの『スンマ』を読んでいます。

ダ・ヴィンチはフィレンツェの故郷を離れてミラノに出ているのですが、当地の支配者スフォルツァ公に雇われています。そのスフォルツァ公のもとでダ・ヴィンチはルカ・パチョーリと出会い、彼から直接、数学の個人教授を受けています。

山本　直接に教えを受けたのですか？

田中　はい、それは間違いありません。もともと『スンマ』は読んでいましたが、その後、著者と出会うことができ、しかも数学の個人教授を受けました。ダ・ヴィンチは婚外子なので、公的教育は受けていないんです。自ら「無学の人」を名乗っていることは有名ですが、ミラノでは大先生から直接に数学の個人教授を受けることができた。当時のダ・ヴィンチのＴｏ Ｄｏリストには、「明日、ルカ先生に平方根を習う」のようなメモがあるんです。ルカ・パチョーリはミラノ大学の数学学部の初代学部長になった重要人物です。『スンマ』のあとに『神聖比例論』という本を出版するのですが、そのときにダ・ヴィンチは挿絵をプレゼントしています。本のために挿絵を描いたのは、これが最初で最後。この二人の関係がいかによかったのかを物語っています。

忘れる前にスケッチしまくる現代版「メモ魔」

山本　さきほどダ・ヴィンチのＴｏＤｏリストの話がありましたが、ダ・ヴィンチは当時としては膨大な手記やスケッチを残しています。これはダ・ヴィンチはお父さんが公証人だったので紙を手に入れやすかったからでしょう。当時、羊皮紙より安くなったとはいえ、紙はそれなりに高価だったから、普通の画家は手に入れるのが非常に難しかったはずです。ダ・ヴィンチの描いた絵画は少ないですが、紙に書いたスケッチは多いです。

田中　たしかにスケッチが多いですね。公証人の父をもつダ・ヴィンチはその点、本当に恵まれていました。公証人の仕事場にはいくらでも紙が置かれていますからね。ちなみに父ピエロの仕事場は、紙市場のすぐそばにあったそうです。おそらく紙が買いやすいこともあってその場所を選んだのではないかと思います。

山本　たしか僕もイギリスの大英博物館に行って見たのは、雲や水の動きを紙に描いた素描でした。紙というものが彼の知性を広げる大きな素材であったことは間違いありません。頭のなかで考えたものをどこかでアウトプットしないと先に進まない性格だったのでしょう。ダ・ヴィンチにとっては幸運にも紙があった。

田中　いまで言う「メモ魔」ですよね。気づいたことは片っ端から書いてしまう。手記やスケッチが多いのは、ダ・ヴィンチが書かないと気がすまない人だったからのようです。いろんなことを思いつく人だったから、忘れる前に片っ端から紙に書いていったのでしょう。そしてメモを取ることでさらに発想が広がる好循環だったのですね。

神がいなくなり、人間の視点が生まれた

田中　ダ・ヴィンチがルカ・パチョーリから数学を学んだこと、これがのちの作品に強い影響を及ぼしたことは間違いなさそうです。たとえば《最後の晩餐》に用いられた遠近法の表現、ぼかしとか。これは当時としては画期的な技術だったそうですね。

山本　ダ・ヴィンチは遠近法の一つである透視図法を用いました。彼はルネサンスの画家**マザッチョ**の透視図法をより正確なものに再構築しつつ、それに「遠くのものは色が変化し、境界がぼやける」という空気遠近法を組み合わせました。

もともと透視図法は光の存在を明かしたサイエンスが前提となっています。それまでの世界観では、ピラミッドの頂点に神がおり、人間は下々にいるわけです。当然、絵画もこれに影響を受けて神から見た視点によって描かれていました。しかしルネサンス時に、人から見た数学的で工学的な視点が誕生しました。それが「消失点」の創造と、そこから生み出された一点透視、二点透視、三点透視図法です。

技術的なことはさておき、ここで確認しておきたいのは、透視図法の出発点に「私がここから見ている」という人間の主体性が存在することです。消失点の創造と透視図法の発展は「神からの視点」から「人間の視点」への転換を意味します。ダ・ヴィンチは透視図法を使っていますが、パース（パースペクティブ、遠近法のこと）を強く設定して絵画としての個性を考えたのも主体性と関係しているか

マザッチョ
（1401～1428年）、イタリアの画家。透視図法により、《聖三位一体》（1427年頃）を描いたとされている。

もしれませんね。

田中　消失点は、実際には平行に走っている道が遠くに行くほど狭まって見え、やがてそれが交差する点のことですね。透視図法の背景には、そんな「神から人間への視点転換」があったのですね。先端技術の裏側に、きわめて精神的な主人公の転換があった。一見するとかけ離れた技術と精神の組み合わせで透視図法が生まれたとは、かなり驚きです。

実は会計の世界でも、似たようなことがあります。中世イタリアの帳簿には、表紙に「神と利益のために」と書かれていたりします。これはおそらく、神に誓って悪いことをしないから儲けさせてください という意味です。当時は神がガバナンス（統治）の中心だったわけです。それが神のいない時代に入っ

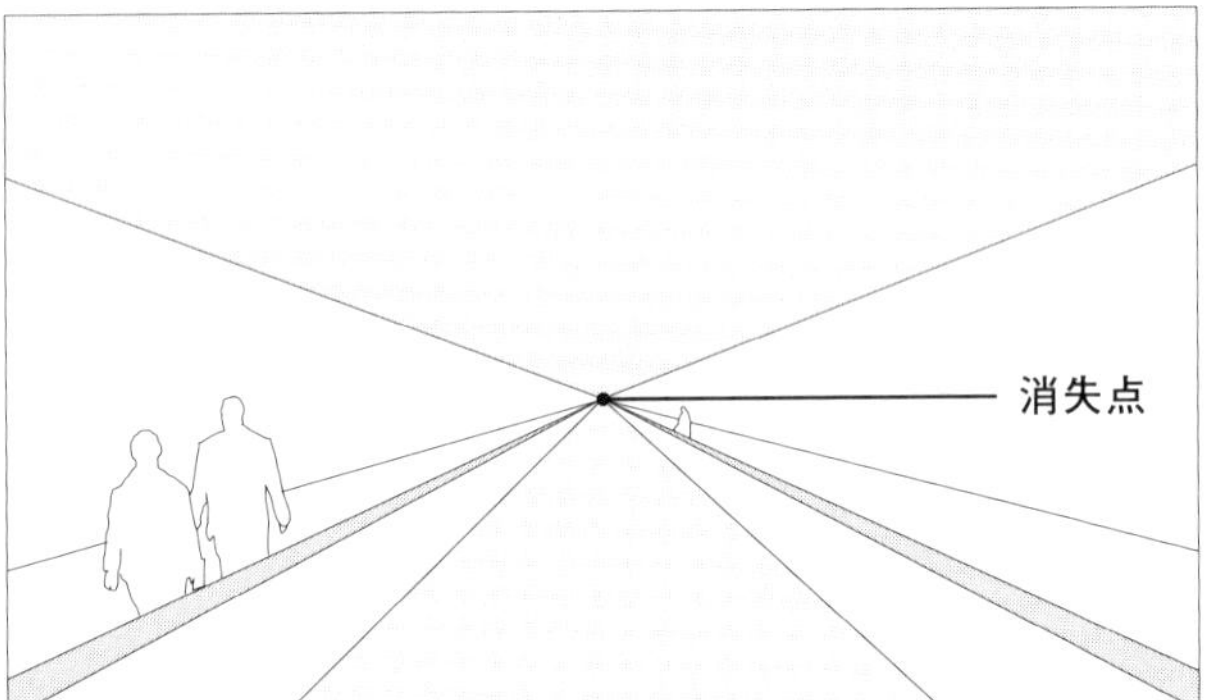

透視図法と消失点

て、ガバナンスは人間自ら構築しなければならなくなりました。透視と統治はなんとなく言葉も響きも似ていますが、そのルーツも似ているのですね。

山本　ちなみに透視図法の始まりである消失点の延長線上に、写真機の「焦点」があります。遠近法の延長線上に写真機ができたことは、科学という発展のなかですごく大事なことだと僕は思います。

人間の視点が動かない西洋絵画に対して、東洋絵画の特徴は身体が動くことです。たとえば水墨画を床の上で描く場合、紙が大きいから遠くを描くには自分がそこに移動しなければなりませんよね。ダ・ヴィンチがキャンバスで遠くの絵を描くときは自分が動く必要はないけれど、東洋絵画は物理的に身体を動かすことが必要になるわけです。ここから西洋とは異なる「遠遠、中遠、近遠」という三遠法という東洋独自の遠近法が生まれてきます。

田中　自分が動くか、それとも動かないか。その違いにおいてダ・ヴィンチの遠近法が重大な転機だったということですね。

山本　そうです。『ダ・ヴィンチ ミステリアスな生涯』という1972年のドキュメンタリードラマがあるのですが、そのなかで彼は、「もっと光を」という言葉を残します。なぜかと言うと、蠟燭《ろうそく》の光を向こうに置き、光がこっちに来るときに薄い布をかけて、そこに絵を描き込むのが重要ポイントなのです。たとえば、オペラの劇場でも後ろに布をたくさんかけますが、それは実際より遠近感を強調するためです。川をつくって向こう側にボートを置いて、布をかけてわざと遠くをぼんやりさせて遠近感を演出する。日本の歌舞伎などはそんな方法を用いず、舞台の平面性が強いです。このように東洋と西洋では、舞台の奥行きのつくり方も全然違います。

田中　さきほどダ・ヴィンチが建築家の透視図法を発展させたという話がありました。彫刻や建築は結果として三次元の立体をつくるために、そのプロセスとして二次元の透視図法で図面を描くわけですよね。図面がおかしいと立体の建造物が狂ってしまう。そこで透視図法が発展したのはよくわかります。これに対し、ダ・ヴィンチは結果として二次元絵画で三次元の立体を正確に描くため透視図法を用い、そこにわざと遠くをぼんやりさせる空気遠近法を組み合わせた。かなりのこだわりをもって遠近法を磨き上げたわけですね。それを実現するためには芸術の技だけでなく数学が必要だったと。

山本　一点透視、二点透視、三点透視の発展にある「点」「線」「面」はもともと幾何学の発想です。点も線も抽象的な概念で、現実には面しかありません。点を描いたとしても拡大すると面になるでしょう。だから僕たちの世界には点はないんですよ。それから線もない。

「目で見ている世界は実は錯覚である」

山本　僕は、ダ・ヴィンチの面白いところは数学という抽象的なものを、実験や実証性によって体現したことだと思います。たとえば、ダ・ヴィンチは人体の解剖をしていますよね。でも、当時は解剖をすると犯罪になってしまうので、生きた人間ではできない。死体を自分のアトリエに運んでこっそり解剖したわけだから、彼は物理的な実験とすごく関わりが強いアーティストなんです。数学者も実験をするようになったのは**ガリレオ・ガリレイ**あたりからでしょう。そういう実験とか実証性みたいなものはダ・ヴィンチがもっている科学とアートの接点みたいなことだと思います。

田中　そのような科学とアートの接点を見いだす試みは、いまも行われているのですか?

山本　現代美術がいまやっているインスタレーションは、ある意味で実験に近く、人間の身体を使った実験で世界を表すことが、現代美術の最先端になっています。ダ・ヴィンチがやっていたことが、いまの最先端になっているというのは面白いですよね。それにアートという言葉は、ラテン語だと「技術」というか、どちらかと言うと抽象性よりも具体的なことを指していた言葉みたいだから、その数学的な抽象性と現実との間で何か結びつけるような実証というのがアートに求められているんじゃないでしょうか。

ガリレオ・ガリレイ
(1564〜1642年)、イタリアの物理学者、天文学者。当時当たり前だった地球を中心に太陽などの星が回る天動説に対し、地球が動いているという地動説を唱えた「ガリレオ裁判」が有名。そのほか、独自の望遠鏡をつくり、月面のクレーターや太陽の黒点を発見している。

田中　**レンブラント**にも《テュルプ博士の解剖学講義》という解剖の風景を描いた有名な作品がありましたね。やはり実験とか解剖によって科学の領域に入っていこうとするアーティストはいつの時代にもいるんですね。

山本　ダ・ヴィンチが人体を解剖することによって、見ることを明らかにしようとした実証実験も重要ですが、それを超える発想が「対象物を見ること」そのものに疑問を抱いたことです。僕はこれを新潮美術文庫４『レオナルド・ダ・ヴィンチ』の東野芳明氏の解説文で知りました。彼はダ・ヴィンチが残した約５０００枚の手記がなぜ左右逆になる「鏡文字」で書かれたかの謎を解き明かしています。他の説と異なるのは、文字と同じ紙の上に描かれたデッサンも左右逆に描かれていると指摘した点です。ここではかいつまんで大切なことのみを話しますが、詳しく知りたい方は新潮美術文庫を読んでください。

ダ・ヴィンチが考えたことは、「私たちが見ている世界は見られている側からすると左右逆になっていて、私たちは現実を錯覚して見ている」ということです。鏡に映った自分の姿を見ると、僕の右手は映った自分の左になりますよね？

レンブラント
レンブラント・ファン・レイン（１６０６〜１６６９年）、ネーデルラント（オランダ）の画家。光と影のコントラストを得意とし、バロック期を代表する画家となった。《テュルプ博士の解剖学講義》のほか、《夜警》なども代表作として知られている。

東京画廊ではこの「自分の目で見ること」の錯覚をテーマにした展覧会を1968年に企画しました。美術評論家の中原佑介氏と石子順造氏がキュレーションした「トリックス・アンド・ヴィジョン」展です。「見ること」が眼球の構造上、どうしてもトリック的であるとする二人の考えが、1974年発行の東野氏の解説に影響したのかもしれません。

それにしても、450年前にダ・ヴィンチが解剖によってそのことを突き止めたのは驚きです。

神が見る側の頂点にいると信じられていた中世において、彼は「目で見ることは錯覚だ」ということに気づいていたのです。それから、ダ・ヴィンチが考えた「見ること」への探求は戦後のアメリカ現代美術のアーティストである**ロバート・ラウシェンバーグ**や**ジャスパー・ジョーンズ**に引き継がれ、今日に至っていると喝《かっ》破《ぱ》した東野氏の炯眼《けいがん》には、いまさらながら頭が下がる思いです。

田中　ダ・ヴィンチが鏡文字でメモを書いていたことは知っていましたが、それは目の構造にまで関係した話なのですね。

ロバート・ラウシェンバーグ
（1925〜2008年）、アメリカにおける「ネオ・ダダ」の代表的な美術家。二次元の平面に日用品や写真などをコラージュし、三次元的に拡張して見せた「コンバイン・ペインティング」の作品を発表した。

ジャスパー・ジョーンズ
（1930年〜）、アメリカの画家。ラウシェンバーグと並ぶ「ネオ・ダダ」や「ポップアート」の先駆者の一人。

山本　ダ・ヴィンチのスケッチには目の解剖図もありますから、おそらく目の構造について理解していたはずです。そのうえで「自分の目で見ること」は錯覚であり、相対的であると知ったダ・ヴィンチはまさに人間を中心とするルネサンスの申し子と言えるでしょう。ここから始まった透視図法が19世紀末まで絵画の大原理となっていたのも頷《うなず》けます。この大原理も産業革命によって**イタリアの未来派**や**ロシアの構成主義**が生まれたことで徐々に後退してしまいました。

田中　イタリアの未来派とロシアの構成主義について教えていただけますか？　産業革命によって生まれたということは、これらは数学の発展と関係するのでしょうか？

山本　その通りです。両者ともに数学の発展と深く関係しています。未来派は絵画のなかに時間の概念を取り入れました。コマ割りのような絵を描いたわけです。

田中　それが実際に、のちの動画になっていくわけですね。消失点を含む透視図

イタリアの未来派
20世紀初頭のイタリアで起こった前衛芸術運動。産業革命以降、封建社会から資本主義社会に移行するなかで、近代文明の発達や機械によって生まれた視点などを肯定的に取り入れた。未来派の一部が戦争や破壊を美とするファシズムと結びつき、次第に衰退していった。

ロシアの構成主義
キュビスムなどに影響を受け、1913年にウラジーミル・タトリンによって創設された芸術運動。純粋芸術を否定し、工業的な実用物を使って抽象的な美を表現した。ロシア革命後、工業的発展こそが社会的進歩であり、実用的な分野で芸術を追求する

法がカメラを生んだように。

山本　そう考えていいでしょう。ロシアの構成主義はそれまでの絵画に存在していた、リンゴと背景のような主従関係をぜんぶ相対化してしまいました。しかも、○△□のような幾何学的なかたちで画面を構成したのです。構成主義はピカソのキュビスムの影響を受けています。

模倣しなければオリジナルは生まれない

田中　ダ・ヴィンチの鏡文字の話に戻りますが、彼はわざと読みにくくしてアイデアを盗まれないようにしたという説があります。いまも当時も「アイデアを盗まれる」ことについてクリエイターは敏感だったと思うのですが、ダ・ヴィンチが鏡文字でアイデアを隠した可能性はありませんか？

山本　ダ・ヴィンチが考えたことのかなりの部分が**スコラ哲学**にあるらしいです。

ことで社会貢献につなげるといった強い意志をもっていた。

スコラ哲学
中世のヨーロッパにおけるキリスト教の神学校の「学校の哲学」のこと。聖書をもとに神の教えを理性的に探ることで、理論的な思考が発達した。

スコラ哲学の学者もダ・ヴィンチと同じようなことをすでに考えていました。もしかしたらダ・ヴィンチはスコラ哲学の人たちに自分の発想を知られたくなかった。だから読めない文字を考えたのではないか。また、もう一つの説は「版」として考えた可能性もあります。まだまだ知られていないことも多く、ミステリアスで楽しいですね。

田中　ここでやっとダ・ヴィンチが身近に思えてきました。山本さんの話を聞いているうちに彼の超人ぶりにビビっていましたが（笑）。

山本　彫刻家の**コンスタンティン・ブランクーシ**は作品をつくるとき、自分のアトリエの窓をすべて新聞紙を貼って覆ったんです。ブロンズ像は原型をつくってからブロンズにするまで時間がかかるので、原型を誰かに見られてしまう可能性がある。その原型のアイデアを盗まれて先にブロンズにされるとその人の作品になってしまうから、ブランクーシは徹底的に人に制作中のものを見せなかったらしい。

コンスタンティン・ブランクーシ
（1876～1957年）、ルーマニア出身の彫刻家。余分なものをそぎ落とし、シンプルな色やかたちで表現するミニマルアートの先駆的な作品を発表する。代表的な作品に、《無限柱》、《空間の鳥》など。

田中　いつの時代もこっそり盗み見て、パクる奴はいるんですね。ただ、パクリじゃなくて、憧れてコピーすることもあるわけです。パクリとコピーの境目はいつの時代も問題になると思うのです。あまり緩すぎるとオリジナルの権利が守れないし、さりとてきびしくしすぎると後輩たちが育たない。この「パクリとコピーの境目」についてどうお考えですか？

山本　アートの著作権は本当に難しい問題です。五線譜で記号化できる音楽は比較的盗用がバレやすいですが、絵画はこれと比べて盗用が認定しにくい。

これは僕の考えですが、99％の模倣と1％の独創であればオリジナルと認めていいと思います。ただその1％の独創、革新が自己満足ではダメで、第三者にもきちんと説明できるものでなければいけない。いまの日本は1％の独創性が強調されるあまり、99％の模倣の重要性が軽視されすぎだと思います。音楽でも美術でも、若い頃に模倣する訓練をしなければ大成できません。模倣によって培った基礎力の上に1％の独創を加えることが大切なのです。

田中　それはすごくよくわかります。最近、少々「感性の時代」と強調されすぎて、退屈な基礎練習を軽視する向きがありますが、私もそれは疑問です。文章でもスポーツでも美術でも、すべての分野について言えることですが、まずは模倣によってしっかり基礎を固めることが大切です。絵画でも、オランダ人もフランス人も、画家の卵はみんな若い頃、イタリアに行って学んでいますよね。

山本　大切なのは模倣の部分をきちんと自覚しているかどうかですね。他人から見れば模倣だけど、本人はオリジナルだと思っているケースが一番始末に負えない。それに対して、『ここは誰々の模倣です』という意識をもっているアーティストは大丈夫なんです。

田中　ポール・マッカートニーが『イエスタデイ』を作曲したとき、彼は夢うつつでメロディーが浮かんだそうです。起きてからそれを彼女に口ずさんで、「どこかで聴いたメロディーじゃない？」と聞いたそうです。自分でもわからなかったのですね、誰かの曲か、自分のオリジナルなのか。私も本を書くとき、「これはどこかで読んだのか、それとも自分で思いついたのか」わからないことがときどきあります。たった１％の独創性ですが、それをつくるのは本当に難しいですね。

3 サイエンスを支える数学という概念

なぜ日本人はノーベル経済学賞を取れないのか

田中　ダ・ヴィンチが「見ること」を突き詰めるうえで、数学の知識が役に立ったことは間違いありませんね。ところで、数学をやっている人はよく「美しい数式」という表現を使います。経済学は「社会科学の女王＝The Queen of the Social Science」と言われ、そこではエレガントであることが強調されます。そのエレガントとは何かを遡《さかのぼ》ると、数式の美しさに行き当たるようです。私にはちっとも理解できない世界ですが（笑）。近年、ノーベル化学賞とか物理学賞の分野では受賞しますが、経済学者です。日本人はノーベル経済学賞を取っている人はほとんどが数学者です。日本人はノーベル経済学賞はこれまで誰も受賞していません。最近ノーベル経済学賞の受賞者は数学オタクみたいな人ばかりで、日本人とは縁がないようです。そもそも根本的な美に対する感覚が西洋人とは異なるのかもしれません。

山本　美の概念はさまざまなジャンルにありますが、たしかに数学はそのなかでも先端にあると思います。美しい数式は真実の可能性が高いと聞いたことがありますが、数式に美という概念があるのが面白いですね。僕が絵画を観るように、「こういう簿記の内容だったら美しい」というのは会計の世界にあるんですか？

田中　簿記や決算書の世界では、美しさの前に「儲かったかどうか」が問われるので、美はあまり意識されていないように思います。ただ、その儲けを計算する仕組みとしての複式簿記は相当の優れものであり、必要最低限の仕組みで決算書をつくりあげる、シンプルにして効果的な仕組みであることは間違いありません。だから、メディチ家の時代から現代に至るまで、ほぼ修正なく用いられているわけです。これほどの長きにわたり、世界中で用いられてきたものは他に見当たりません。その意味でシンプル・イズ・ビューティフルな存在と言えるでしょうね。

「美しさ」はサイエンスが支えている

山本　将棋や囲碁には美しさがあると言われていますよね。「今回の羽生善治さんの手は美しかった」とか、「まだ完成度は低いけれど美しさの片鱗《へんりん》が見られる」とか。囲碁は美しい棋譜を指さないと上位になれないと言われています。武道で言えば、美しさを徹底的に求めているのが弓道です。弓道は的に当てるだけでなく、身体の所作に美しさを求めていくと必然的に的に当たるそうです。当てるのではなく、美しさを求めれば当たる、という発想は面白いと思う。でも、だから弓道はオリンピック種目には入らない。美しさを測る基準をつくるのが難しいから。同じく剣道も、たぶんオリンピックの種目にならない、なれないと思います。

田中　万が一、「美しくないけれど的には当たる」という選手が出てきたら許せないんでしょうね。実のところ、それはビジネス界にも当てはまる話だと思います。「稼いでいるけれど、やり方が美しくない」会社や商売人はたしかにいます。結果として稼ぐことと、そのプロセスが美しいこと、この二つが両立して初めて商売は長続きし、尊敬されるわけですが、景気が悪くなるとどうしても結果として稼ぐことに意識が行ってしまう。プロセスの美しさが問われなくなってしまうわけです。

その点、メディチ家は稼ぎまくったお金をパトロンとして芸術家にじゃんじゃんつぎ込み、それでルネサンス芸術を下支えしました。当時のフィレンツェには「よく稼ぎ、きれいに使う」ことがよしとされていた伝統があったそうですから、メディチ家はそれを体現したわけです。

結果を出すことと、そのプロセスが美しいこと。この両立にはビジネス界も、芸術界も、そしてスポーツ界も、みんなが悩みますね。

山本　日本の柔道はオリンピックで体重別を取り入れて標準化、つまり文明化したけれど、わが国の柔道には「一本が美しい」という文化的な発想が残っています。世界では大きい人が腕力でねじ伏せて上に乗っかって勝つ柔道に変わったので、美しさからは離れてしまったけれど、一本を取るのが理想だという気持ちはあると思います。

田中　柔道には「柔よく剛を制す」の考え方があるので、身体の小さな者が大きな者を技で投げ飛ばすのが理想だと聞いたことがあります。そうすると「無差別級」で小さい選手が大きな相手に勝つことが理想的であり、美しいわけです。ただ、最近のオリンピックでは「体重別にクラス分けしないと不公平」という西洋的な平等主義が蔓延《まんえん》して、そんな美しさが消えてしまいました。

山本　陸上競技のウサイン・ボルト。100メートルを走るあの姿にも美しさを感じます。ボルトのあの100メートル走は科学が支えているわけでしょう。身体の訓練に科学抜きでは、100メートルを9秒台で走るのは難しいです。新国立競技場のトラックのゴム床も、身体に与える影響などを緻密《ちみつ》に計算してつくったらしい。あれでないと100メートル走の記録が更新できないそうです。サイエンスは世界に共通する文明となり、その土台の上に文化の花が咲くということですね。

田中　もはや科学と美しさは切り離せない関係になったのですね。

4 複式簿記はなぜいまも使われ続けているのか

500年間変わらない「ダブルエントリー方式」

山本　さきほどの簿記の話ですが、簿記のスタイルはだいたい15世紀にはできたんですか？

田中　15世紀の少し前、メディチ家などが商売している段階で、もう彼らはいまの形式の簿記を使っていました。いわゆる複式簿記ですね。お金が減って何が増えたのかというように、一つの取引を二つに分解して右と左に記入するダブルエントリー方式、これが複式簿記です。どうやらこの方式もアラビア数字と同じく、東方からイタリアにもたらされたようです。東方貿易の拠点であったイタリア商人たちは12世紀から13世紀にかけてこのやり方を取り入れていました。それを整理し、書物にして広めたのがさきほどの『スンマ』です。この書物が出版された15世紀イタリアのフィレンツェやヴェネツィアではすでに、複式簿記の記帳法が確立されていました。これは500年以上経ったいまもほとんど変わっていません。簿記は文明として優れたものであったことは間違いありません。

山本　社会主義の国ではどうなんでしょう？　というのも国家はそもそも複式簿記ではないと思いますが、中国でも使っていますよね？

田中　政治的な体制にかかわらず、国家や企業の金銭計算は複式簿記でやっているはずです。ただ、複式簿記は正確性は保証しても、誠実さは保証しません。国によってはそこに汚職やいかがわしいお金の流れ、あるいは帳簿に載らないお金の動きがあるかもしれません。

簿記によって「1年間の財産の流入と流出」のフロー、そして「決算日にどれだけ財産をもっているか」のストックが明らかになります。問題はそのフローとストックのどちらを重視するかということです。これは簿記を超えたリーダーや管理者の「選択」なんです。たとえば国家の場合、フローの「予算」を重視してお金の動きが管理されています。その一方で、どれだけ資産や借金があるかのストックについてはあまり重視されていない。だからガンガン借金して、予算のばらまきをやるわけです。そこにはフロー重視・ストック軽視の姿勢があります。

これはおそらく美術館経営も同じだと思います。フローの予算を重視して「これだけの予算があるから、今年はこれだけ使える」と収支中心で経営の管理をしているはずです。一方で「わが美術館はどれだけの美術品資産を有しているか」というストックの意識が希薄なんですね。これはかなり問題だと思います。美術館も資産ストックの価値を認識し、それを維持・保全しないといけません。

近世のオランダで生まれた二つの転換期

山本　東方から伝わったイタリアで簿記が普及したあと、他国への広がりはどんな具合だったのでしょうか？

田中　いずれも東方由来のアラビア数字と簿記がイタリアで使われはじめましたが、これを一番勉強したのはオランダなんです。プロテスタントが建国したオランダでは国をあげて政治家から公務員、商売人まで簿記を学んだようです。

数百年の歴史を振り返って、もっとも簿記好きだったのが中世のイタリア人、近世のオランダ人、そして現代の日本人です。これは少し皮肉ですが（笑）。

イタリアではヴェネツィアがかなり熱心に帳簿をつけていました。商売人もさることながら国家もしっかりと帳簿をつけています。ヴェネツィアはガレー船を国家所有にして商売人に貸し出したのですが、その際の貸出料もしっかり計算した帳簿をもとに料金設定しています。オランダはもともと商売人が集まった国なので、商売人たるもの必ず簿記を学べと、教育熱は相当、高かったようです。

山本　なるほど。オランダもヴェネツィアも貿易で都市が成立している。その貿易によって隆盛するときに簿記がすごく役に立った、と。

田中　その通りです。簿記が発達することで初めて収支や資産状況が明らかになります。これによって儲けを明らかにでき、適切な価格設定ができるようになるわけです。また経営の透明性が高まるので、人からお金を集められるようになります。

近世のオランダで世界初の株式会社である**東インド会社**が誕生した背景には、簿記の存在があったことは間違いありません。株主からすれば、会社がきちっと帳簿をつけてくれるからこそ信頼できるわけです。簿記の広がりによってオランダやイギリスで株式会社が発達したと言っても過言ではありません。

山本　その時期のオランダが経済的に潤って、そこから豪商が生まれたことが美術界にとってはとても大きい転機になりました。それまでは肖像画を依頼するのは王様と貴族だけだったのですが、豪商たちが参加することで絵画のマーケットが広がった。肖像画の発注は**チューリップバブル**と同じ頃だったということですね。『チューリップ・フィーバー　肖像画に秘めた愛』という2017年の米英合作映画のコメントをちょうど依頼されたので思い出しました。

田中　オランダで絵画の転機があったことについては、パトロンの変化が大きいですね。おっしゃる通り、プロテスタントのオランダには王様と貴族がいません

東インド会社
1602年、オランダで設立された世界初の株式会社。喜望峰からマゼラン海峡までの広大な地域の貿易独占権を与えられ、日本や台湾、インドネシアなどアジアとの交易で利益を挙げた。鎖国時の日本では長崎の平戸、のちには出島に商館を置き、銀や生糸などの交易を続けた。18世紀になると茶などイギリスのアジア貿易が優勢となり、フランス革命もあって1799年に解散した。

チューリップバブル
オランダ黄金時代のネーデルラント連邦共和国にて、チューリップの球根が異常に高騰し、突然下降した出来事のこと。オスマン帝

から肖像画の注文がなくなる。またカトリック教会にケンカを売ったことで、宗教画の注文までなくなる。普通に考えれば絵描きは商売できなくなるところ、新たにブルジョア市民が絵を買いだしたことでマーケットが生まれ変わった。もし仮にブルジョア市民が誕生していなかったら、あるいは金持ちになった彼らが絵画に興味を示さなかったら、オランダ絵画の盛り上がりはなかったはずです。

そこは歴史を振り返ってみても本当にありがたい。質素倹約のプロテスタントが絵画に興味を示さなかったとしたら、レンブラントやフェルメールは画家になっていなかったかもしれませんから。

産業革命は簿記にどんな影響を与えたか

山本　西洋では市民社会の台頭のきっかけとなった**フランス革命**と産業革命が歴史のエポックです。簿記については特に産業革命とのつながりが深いように思いますが、いかがですか？

国から輸入したチューリップは異国情緒溢れる花であり、貴族や植物学者の庭園で植えられたことから富の象徴とされた。

フランス革命
絶対君主制の支配にあったフランスで1789年に起きた、史上最大の市民革命。これにより絶対王政のブルボン王朝を倒し、「封建制特権の廃止」「人権宣言」「王政廃止」などを実現した。有名なのが、この革命で処刑されたルイ16世の王妃マリー・アントワネット。

田中　フランス革命の遠因となった王侯貴族の無駄づかいは、帳簿システムがきちんと機能していなかったから起きた可能性がありますが、より簿記と関係が深いのは産業革命ですね。

イタリアからオランダを経て、イギリスの帳簿システムはさらに洗練されたものとなっていきます。これによって株式会社は資金調達できるようになるのですが、意外にもイギリスは株式会社の設立について慎重な態度をとっているんです。設立が自由化されるのは産業革命の後期に蒸気機関車が誕生し、鉄道会社が設立されるようになってからです。そのとき自由に会社設立を認めることと引き換えに、きちんとした帳簿から決算書までの作成が義務づけられました。また、それらのプロセスが適正に行われているかどうかをチェックするお目付役も登場します。これが会計士の監査です。監査という第三者のチェック機能を導入することで、経理や決算書の正確性を高めようとしたわけです。逆に言えば、当時の経営者は信用されていなかったということでしょう。こいつらにぜんぶ任せてしまうと間違えたり嘘をつくことがあるかもしれないと。だから第三者の専門家に監査させたのです。

これをきっかけに、外部の人間が信用してお金を出資したり貸し付けたりすることができるようになりました。鉄道会社への投資で儲けたイギリス人は、やがて海を隔てたアメリカの鉄道会社へも出資するようになります。こうなると株主はその鉄道を直接に見ることができません。そこではさらに株主を安心させる仕組みが求められます。遠方の株主が安心して会社へ出資できる体制づくり、それがガバナンスと呼ばれるものです。

フローしか見ない経営の落とし穴とは

山本　僕は画商なので近代社会で生まれた美術館をあらためて経営の視点で眺めてみたいのですが、予算は次の二つに分かれると思います。一つが運営のためのフロー予算、もう一つが作品購入のためのストック予算です。ストックとなる作品は資産として美術館のなかに残る。民間の企業の場合だと会計士や税理士さんが来て、「社長、このストックを活かさないとだめですよ」とアドバイスしてくれますよね。作品を買っても何年も寝かせるとだめで、そろそろ作品を売りに出さないとフローの資金が足りなくなりますよ、と。つまり、いま日本の美術館は、重要なストックである美術品の活用を考えなくてはならなくなってきているのです。

田中　つまり予算は運営経費的なフロー予算がメインで、いったん購入したストックとしての美術品にはあまり関心が払われないということですね。フロー重視でストック軽視、これは美術館だけの話ではなく、国家財政も同じ状況です。たとえばかつての小泉純一郎政権のとき、「このまま赤字を垂れ流して、国債で借金しまくってはさすがにまずいだろう」とストックを明らかにするバランスシートをつくったことがあります。２００７年に郵政が民営化されましたが、それを推し進めるために時の小泉首相がバランスシートを説明に使ったと思われます。これによって国の財政状態はかなり深刻な債務超過状態だとわかり、「この債務を減らさなければいけない」となって、その原因が郵便局だからこれを民営化しろという理屈になりました。自民党が選挙で大勝して郵政民営化は実現しましたが、実はあれ以降も赤字はひどくなる一方なんです。

その理由もストックの悪化に目をつぶってフローの収支を重視する予算体制だ

からです。フロー重視の予算管理では、だいたい支出は増えるものです。あちこちに使いたい人がいるので「じゃあ予算つけましょう」となる。これ以上は一般会計では無理とわかれば特別会計がつくられる。膨大な支出超過は全然止まらず、一方で国の収入である税金は人口減少と経済悪化で減ってくる。その赤字分は国債で借金して賄わないといけない。借金だらけでストックの状況が危ないことは誰もが「漠然と」わかっている。でも、みんな目先の予算確保に走るんですね。いまを大事にして、将来のことは見て見ぬふりをしているわけです。

山本　日本国有鉄道（国鉄）が民営化したときは、ずいぶん資産を売りましたよね。国鉄がもっていた土地とか。郵政改革のときの簡保の施設はものすごく安い価格で売られていました。いま、わが国は1000兆円の負債がある。負債をゼロにするためには資産を売ろうという話になりますよね。すると売る資産は何があるのか。

田中　国でも企業でも同じなのですが、手持ちの資産を外部へ売るとして、そこでの問題は「高く売れる」かどうかです。二束三文の売却では負債を減らすことができません。高く売れて初めて負債を減らし、ストックの財政状態を改善できる。ところが、資産を切り売りして乗り切ろうと考えるときは、だいたい不景気のときです。不景気のときは土地や株などのストック価格も下落していることが多い。だから売るに売れないことが起こります。

ちなみに美術館の経営で「手持ちの絵画を手放して資金繰りを乗り切ろう」といったことはあるんですか？

山本　私立の美術館ではありますが、国公立の美術館ではほとんどありません。ちなみに、アメリカではあのＭｏＭＡでも、保管する絵画を売却し、魅力ある絵画に買い換えることはあります。

田中　そうだとすれば、それは企業が行う設備投資のような行為ですね。老朽化した設備を新たに建て替えるような設備投資。そのために手持ちの絵画を売却するとしたら、それは運転資金を確保するための売却ではなく、未来を見据えた設備投資ですね。

山本　購入予算が減ったので、美術品という資産を有効活用するという意識をもたなければならない時代になってきました。

田中　よく不動産の世界でも有効活用という言葉が使われますが、それは絵画を所有する美術館の経営にも必要なのですね。自らの経営のために所有資産を有効活用し、あまり活用されていない資産は入れ替えをすることがこれから必要になる。もちろんそれは、将来的に国の文化レベルを底上げしていくような方向であってほしいですね。

第3章

日本で会計の礎をきずいた福沢諭吉と渋沢栄一

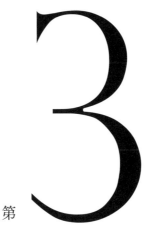

1 日本の会計のルーツは「江戸時代」にある

江戸時代になぜ先物取引は生まれたのか

山本　フィボナッチがもってきたアラビア数字によってイタリアで簿記が発達し、それが金利の導入、株式会社の誕生へとつながった。では、同じ時代に日本では何が起こっていたのかを比較して考えてみたいと思います。まず田中さんに聞きたいのが、「先物取引」のことです。日本が最初らしいんですね。

田中　米相場ですよね。大坂で「帳合米商い《ちょうあいまいあきない》」と呼ばれた先物取引です。米そのものではなく、現金と米切手の交換によって行われました。17世紀の末には行われていたようです。

山本　その先物取引と織田信長が行った「**楽市・楽座**」がどのように関係しているのか、そしてそのときの会計がどう変わったのかに興味があります。江戸時代の大型の和船である千石船の所有者が、当地で先に米を買い付けてしまうんですね。彼らは金融もやっている。だからその仕入れのシステムを前提にできると、先物取引という来年のお米を買える取引が成立する。これが実現できる流通インフラが楽市・楽座や豊臣秀吉の**北野《きたの》大茶湯《おおちゃのゆ》**と関係している。この流通経路ができると、道具も商品として成立する。都の道具を船に乗せて、帰りの船は米を積んでくるという交易が成立していました。

田中　まさにヨーロッパのイタリアとフランドル地方で船貿易が行われていたのと同じイメージですね。その貿易で米の先物取引が行われていたと。

山本　江戸時代の朝鮮通信使が「日本人は不思議なことをやっている」と日記に書き残しています。まだ収穫していない米の売買をやっている、ないものを売買するなんてわれわれには考えられない、と。最後に「私たちは将来、この人たちに

楽市・楽座
戦国大名たちがとった経済政策。楽市とは市場税・営業税の廃止、座と呼ばれる商工業組合の特権の廃止のこと。楽座とは座それ自体の廃止のこと。誰もが自由に市に立てるようにし、領国における商工業の発展と城下町の繁栄を図った。

北野大茶湯
1587年、豊臣秀吉が京都・北野天満宮境内で催した大規模な茶会。初日の10月2日は約1000人の来場者があったが、2日目以降は秀吉の都合で急遽、中止になった。これは秀吉が権威を示すために行ったと言われている。

負けるかもしれない」と書いてあるんです。それと朝鮮通信使に関することで興味深いのが、秀吉が**朝鮮出兵**の際に陶工を強制的に連れて帰った。その後、朝鮮通信使が来たときに幕府が陶工の人たちに「帰りたければ帰ってもいい」と募った。そうしたら「いや帰りたくない」と。なぜかと言うと、朝鮮に帰ると陶工は身分が低かったから。ところが江戸時代になると、連れてこられた陶工のなかには帯刀を許されるところまで出世した人もいた。日本には身分を超えて地位が上がる制度があるのだから、いまさら低い身分に戻りたくないので帰らないという話です。秀吉のしたことは許されないのは当然ですが、必ずしも向こうから連れてこられた人たちが日本で悲惨な生活を送ったわけではなかったようです。

庶民の数学レベルを上げた「解く楽しみ」

田中　戦国時代から平和な江戸時代になったことで、武士の仕事がなくなりました。食えなくなった武士のなかにはそろばん塾を始める人たちが出てきます。そのあたりから数学が発展するんですね。1627年に出版された通俗算学書『塵《じん》

朝鮮出兵
秀吉は1592年と1597年の2回、朝鮮出兵を行っている。1回目(文禄の役)では明の援軍・朝鮮水軍の攻撃に遭い停戦となり、2回目(慶長の役)では秀吉が亡くなったことで日本軍は撤退した。なお、なぜ秀吉が朝鮮出兵を行ったのか、確かな動機はわかっていない。

劫記《こうき》』はかなり人気になりました。著者ご本人には気の毒ですが、著作権など存在しない時代なので海賊版が４００～５００種も出回ったみたいです。

それまで日本の数学は中国を見本にしてきましたが、中国でも、そろばんが登場したこの時期はその解説書ばかりで数学書が出ていません。だから江戸時代の数学者は自ら研究を重ねて和算を発展させるしかなかった。17世紀の後半には和算のスター関孝和が登場します。中国からベースの計算法を習い、それを和算として発達させたんですね。

江戸時代には和算のほかにも、陶磁器とか医学とか、外から輸入したものを消化してオリジナルに変えていますよね。姿勢としてはグローバルなんだけど、そのまま取り入れるのが嫌で、一度自分たち流に置き換えないと気に入らない、そんな気質を感じます。

山本　あらためて江戸時代を見直すと、取り入れることもそうなのですが、取り入れたときにそれを実用化するためのマーケットがあるのがすごい。実用化したあとのマーケットがないと、いくら取り入れても意味がない。『解体新書』もそろばんも需要があったということは、実用化するだけの経済力を江戸時代の日本人がもっていたということです。

田中　それは言えると思います。経済力をもつ人間から、研究者たちにお金が流れていたということですよね。落語に『徂徠《そらい》豆腐』という話があります。若い頃、貧乏で満足に食事もできない学者先生を気の毒に思って、豆腐屋が豆腐を差し入れた。そうしたら最後、大先生になったという話です。江戸時代にはそんな話が多いですね。

さきほどの『塵劫記』に戻りますが、この本の海賊版が出回って数学塾がたくさんできた。きっとそれにムカついたのでしょう、著者の吉田光由《みつよし》は『新篇塵劫記』を出版し、そこで「遺題」を出しています。これは問題だけ出して解答を出さず、「解けるものなら解いてみなさい」という読者への挑戦です。この本以降、数学書の「遺題」が流行しました。これで江戸時代の数学レベルが格段に上がったようです。この時代、日本の数学レベルは世界一だったという説がありますが、それは負けん気と「難問を解くのが楽しい」といった社会の空気がレベルを上げたのだと思います。

明治以降、西洋数学が入ってきてからそれが試験に取り入れられたこともあって、「自由に解く楽しみ」が失われ、正確に速く解くことだけが求められて日本の数学レベルが下がっていきました。だからノーベル経済学賞が取れないのだと私は思います。

山本　なにごとにおいても義務感でやってしまうと伸びしろがなくなりますからね。

田中　そうなんです。いまはビジネスの世界でもＫＰＩ（重要業績評価指標）のような目先の具体的成果を測る指標が流行っていますが、あれでは義務感によって短期的に成果を出せても「楽しさ」は失われます。ＫＰＩ発想をやめない限り、日本人が楽しさを取り戻すことは難しいのではないかと思います。短期的成果を挙げることは必要ですが、それを追い求めすぎると楽しさや美しさが失われる。このことはしっかりと自覚しておきたいですね。

会計ではなぜか遅れる文明国の憂鬱

山本　和算と帳簿との関係なのですが、おそらく日本の表記はインド・アラビア数字の「0」「1」とは違いますよね。

田中　当時はずっと漢数字を使って帳簿をつけています。これはかなり大変な作業でした。当たり前ですが漢字ばかりで、見ていると難しくて目が回ります。そのうえ分厚い帳簿を保存するのがまた大変でした。江戸時代の商家にとって何より怖かったのが火事なんです。江戸の街は何度となく大火に見舞われています。そのとき火事で売掛帳が焼けてしまったらおしまいです。江戸時代は売り掛け取引が多かったので。しかも火事のときは着の身着のままで逃げるのが決まりで、大八車に帳簿を載せて逃げるわけにもいかない。そこで江戸の商売人の多くは地面に穴を掘って「穴蔵」をつくっていたんです。火事になるとそこに帳簿を放り込んで、蓋をしてから逃げるわけです。いまと違ってバックアップなんてできないから、穴蔵に突っ込むくらいしか対策ができなかったのです。

山本　それは大変だ。そういう意味ではいま、すべてバックアップできるというのは素晴らしいことですね。ところで江戸時代の会計レベルはどうだったんですか？

田中　簿記としてはかなり高度な内容でした。基礎的な計算力は相当高かったようです。「読み、書き、そろばん」くらいはできるようにという町人教育がしっかり浸透していたのだと思います。九九や暗算、そんな江戸時代の伝統がいまの時代にも引き継がれていますね。

山本　中国大陸から得た文明を江戸時代まで継承してきて、日本では商業が発達し、会計や簿記の発想ができた。中国に簿記はなかったわけですか？

田中　あまり会計界で中国式簿記というのは聞かないですね。そろばん以降の和算や簿記といった実用的な分野については、どちらかと言えば日本のほうが発展したのではないでしょうか。

山本　それに類似しているのかな。イスラムはキリスト教国よりずっと知性が発達していたにもかかわらず、ゼロの概念とアラビア数字がフィボナッチによってイタリアにもたらされ、ヴェネツィアで簿記が発達したために、金利を認めたキリスト教国がイスラム教国より資本主義社会が発展した。

田中　日本とヴェネツィアの類似点と言えば識字率と計算力の高さですよね。字が読めることと、計算ができること。これによって人間の営みは違ってきますから。ヴェネツィアもそうですが、江戸時代の日本人の識字率と基礎計算力はほかの国と比べてとても高いです。いまもそうですが日本人はレジでお釣りが少なくなるように出しますよね。502円の買い物をしたとき、千円札に2円を添えて出すとか。海外ではあまり見かけません。ただ、キャッシュレスが普及すると暗算する必要がなくなって、せっかくの暗算力がグローバルなレベルにまで下がるような気がします。そうなったら残念ですけど。

価格を抑えて原価が割れる日本人の誤った特性

山本　江戸時代の経済発達を象徴するものが米相場と自国通貨の発行です。武士階級はお米の石高をもとに物と交換していたわけですよね。当時は金と銀と銭《せん》という三つの貨幣があり、金と銀の貨幣を繰り返し改鋳して通貨量を増やし、マーケットを拡大させました。そろばんが横に長いのは、金と銀と銭の3種類の通貨は価値の変動があり、三つを同時に計算するためだったそうです。僕たちは横に長いそろばんの1カ所しか使わないけど、江戸時代の人はこっちで金、こっちで銀、こっちで銭を計算していた。すごいよね。変動相場制だから、金と銀と銭の交換率は毎日変わっていたんです。

田中　そろばんは、なぜあんなに長いんだろうと子どもの頃から疑問でしたが、長年の謎がやっと解けました。

山本　それで江戸時代の「画」の値段ですが、狩野《かのう》派はわかりませんが、浮世絵はかけそば1杯の値段です。そば粉を小麦粉と混ぜた二八そばが2×8で16文なんて本当かどうかわからないけれど、浮世絵の大判錦絵1枚が20文です。それで幕府から20文より高級なものをつくってはいけないという御触れが出たらしいんですよ。18文で抑えろとか。そのうちあまりにも技法に凝りすぎ、しかも価格が抑えられていたので原価割れしてしまったんです。

田中　原価が高すぎて安い販売価格ではもたなくなってきたわけですね。なんだか江戸時代とは思えない話ですね。これは日本の伝統でしょうか（笑）。

山本　そんな浮世絵がなぜ世界にこれだけ関心をもたれたかと言うと、同時代にあれだけの色を使った版画ってヨーロッパになかったらしい。それから浮世絵はバリエーションも豊富です。

田中　その浮世絵に影響を受けたのがフランスの印象派画家たちでしたね。

山本　第1章でも話しましたが、日本人が印象派を好きなのはそこに懐かしさを感じるからです。印象派絵画にある浮世絵の存在を無意識に感じ取るんですね。

田中　興味深い話でした。絵画も小さい頃に見た絵の記憶が無意識に刷り込まれ、大人になってから美しさを感じるわけですね。

　ところで浮世絵の場合、彫り師とか、刷り師とかが別々にいて、それらが「浮世絵チーム」としてありますよね。描く人と刷る人の分業体制が確立されていた。世界的に見ても版画ってそうですよね。**ブリューゲル**やレンブラントなども版画をつくっていますが、やっぱり分業体制によってつくられています。絵画は一人ではたくさん描けないけど、版画なら大勢の分業でたくさんつくれるということですね。

山本　版画はもともと挿絵です。文章があってその脇に絵をつけていた。だから絵だけというのはずっとあとになる。庶民が読む本がもとです。その絵が自立してブロマイドのような１枚の絵になった。

ブリューゲル
ピーテル・ブリューゲル（１５２５・１５３０頃〜１５６９年）、ブラバント公国（オランダ）の画家。イタリア修業から帰国後は幻想・奇怪な作品を制作したが、ブリュッセル移住後は農民を題材にした作品を数多く描いた。ヤン・ファン・エイク以来となるネーデルラント絵画の巨匠として知られる。代表作に《バベルの塔》、《農民の踊り》など。

身分社会がなくなり、画家は自立した

山本　神山典士《こうやまのりお》さんの『知られざる北斎』（幻冬舎）を読んであらためて**葛飾北斎**のことを考えたのですが、浮世絵には職人とアーティストの違いがあって、北斎は職人ではなかったと思うんです。まず、少年時代に絵草紙《えぞうし》の本屋に勤めていたので、彼は浮世絵を相対化して見られました。一つの表現手段として見ていたので、ほかの浮世絵師とはちょっと違っていた。ほかの人はさきほど田中さんがおっしゃったように原画をつくる人と、彫り師、刷り師などに分かれた職人でした。北斎はすでにそのトータルしたものを見る能力を絵草紙で身につけていたので、技術はコンセプトに合わせて選べばいいと考えていた。

　彼は晩年には肉筆画に移るんですよ。肉筆画の重要なポイントはサインを入れることです。浮世絵は出版物なので、版に彫ったサインはありますけど真筆はないんです。だから身分のない人間が個別にサインするのは近代からなんです。江戸以前では仏像だったら**運慶**とか**快慶**とか、狩野派だったら**狩野元信**だとか**狩野探幽**だとかのサインはありますが、彼らには御用絵師という身分がある。江戸も後期になると北斎だけでなく肉筆画を描く人が増えてきます。それが近代の美

葛飾北斎
かつしか・ほくさい
（1760〜1849年）、江戸時代の浮世絵師。版画や肉筆浮世絵に意欲的に取り組み、1831〜1834年に発表した《富嶽三十六景》で絶大な人気を得る。

運慶
うんけい
（生年不詳〜1223年）、平安から鎌倉時代にかけて活躍した「慶派」の仏師。仏師とは仏像を彫る人のことであり、ダイナミックさ・力強さを表現したことで鎌倉の武士に好まれた。もっとも有名な《金剛力士像》（快慶との共作、奈良・東大寺所蔵）や《大日如来坐像》（奈良・円成寺所蔵）など、すべてが国

術の在り方だとすると、江戸時代に初期の近代が始まったと、美術面でも言えるのではないか？　サインを入れる画家がヨーロッパ絵画のなかに出てくるのは13世紀頃からです。拙著『コレクションと資本主義』（共著、角川新書）を書く際に調べたところ、教会が利子を公認した初期の資本主義の芽生えと同時期なのです。ヨーロッパの画家が御用絵師から離脱したのが17世紀のオランダあたりとすると、日本は18世紀の中頃からが近代の始まりなんです。

田中　世界と比べて日本では、画家の自立が遅れたということですか？

山本　遅れた。遅れたというか、身分社会が崩壊するまでは自身のコンセプトをもって描くことはありませんでした。ヨーロッパまで西洋画を習いに行って、初めてサインの本当の意味を知ることになった。しかも絵画に技術だけでなくジャンルがあることも知った。それが美術界での近代化だと思います。たとえば、静物画があって人物画があって風景画がある。僕は絵の最初は静物画だと思うんです。それはどういうことかと言うと、先史時代の洞窟壁画で有名な**ラスコーの洞窟**に描いてあるのは、自分たちが獲物として見ていたバイロン、牛、野牛だった

宝または国の重要文化財に指定されている。

快慶
かいけい
（生没年不詳）、運慶とともに鎌倉時代を代表する仏師。運慶ほどの人気はないものの、絵画的で端正な作風を確立し、「安阿弥様（あんなみよう）」という今日まで続く仏像スタイルを編み出した。

狩野元信
かのう・もとのぶ
（1476～1559年）、室町時代の絵師。狩野派の2代目。中国風の水墨画法を基礎としつつ、大和絵系の土佐派の様式を取り入れ、書院造に相応しい日本的な障壁画を確立した。代表作に《四季花鳥

りするわけです。人物、特に肖像画はまずない。肖像画はやっぱり王権をもつ王様が出てきたことで生まれた。それらを離れて見るのが風景画です。肖像画の後ろに風景が描かれるようになったのはたぶんルネサンス以降だと思います。ダ・ヴィンチの《モナ・リザ》は背景に風景が描いてある。しかも僕には中国の山水画のように見えます。

田中　そうすると、人物の背景に風景を描いたという意味で《モナ・リザ》は当時では画期的だったんですね。

山本　いや、**ボッティチェリ**など背景に風景を描く画家はダ・ヴィンチ以外にもいましたが、彼の絵の背景は他と異質な感じがするということです。

江戸時代はすでに「近代化」していた

山本　江戸時代の会計とアートを見てきましたが、実は17世紀の江戸時代に日本

図》、《酒呑童子絵巻》など。

狩野探幽
かのう・たんゆう
（1602〜1674年）、江戸時代初期の狩野派の絵師。豪壮さが売りの祖父・永徳とは異なり、詩情豊かな表現で独自の世界観を確立。狩野派400年の歴史のなかでもっとも稀有な才能をもった絵師。代表作に《雪中梅竹遊禽図襖》、《四季松図屏風》など。

ラスコーの洞窟
フランス西南部ドルドーニュ県にある洞窟で、先史時代の洞窟壁画が有名な地。数百の馬、山羊、羊、鹿などが描かれており、これは約2万年前、後期旧石

人はヨーロッパと違ったかたちの近代化をほぼつくったと言えますよね。われわれはそれを近代と呼ばなかっただけであって、実際にはもう江戸時代で西洋の近代と似たような社会を実現しています。

田中　オランダの『ターヘル・アナトミア』という医学書を前野良沢、杉田玄白が翻訳して『解体新書』を出版しますから、それで医学は勉強できる。西洋からのなんらかの影響はありましたよね。

山本　この時点ですでにカピタン（長崎・出島のオランダ商館長）がたくさんの浮世絵を持ち出しているということは、オランダとかなりの交流があったと考えられます。

田中　レンブラントは和紙を使って版画をつくっています。東インド会社からオランダに持ち出された和紙であることは間違いありません。当時の和紙はごわごわしていて、ヨーロッパの羽根ペンで書くと引っかかって書きにくい。だから出島にいたオランダ人は本国に「日本の紙は書きにくいから、オランダの紙を送れ」

器時代のクロマニョン人が描いたとされている。

ボッティチェリ
サンドロ・ボッティチェリ（１４４５～１５１０年）、ルネサンス期のイタリアの画家。明確な輪郭線と洗練された線描手法を用いて、人文主義的な作品を発表。当時のメディチ家から厚い信頼を得た。代表的な作品に《ヴィーナスの誕生》、《春（ラ・プリマヴェーラ）》など。

と要求しています。北斎はオランダの紙で浮世絵を描いています。レンブラントは和紙を版画用に気に入りました。1回も日本に来ていないレンブラントが、日本の和紙を気に入ったって、少し不思議ですよね。

山本　見えないところで両者の交流が進んでおり、緩やかでも西洋的な生活文化が日本に少しずつ少しずつ入っていたのでしょう。キリスト教の信仰も残ったし。

田中　**シーボルト**が日本から持ち帰った膨大な種類と量の美術品、日用品が、オランダのライデンにあるシーボルト記念館に飾られています。ライデンと言えばレンブラントの故郷ですが、私はそこで日本の作品を見たとき、両国の不思議な縁を感じました。

シーボルト
フィリップ・フランツ・フォン・シーボルト（1796〜1866年）、ドイツの医師。1823年に来日し、鎖国時の出島でオランダ商館医となり、西洋医学の教育を行った。一方、生物学、民族学、地理学などの事物を日本で蒐集し、オランダに送った。

2 コンサルタントの元祖、二宮金次郎とは

皆が誤解している二宮金次郎の本当の姿

田中　ところで、日本で初めて金利の概念を理解して文章に残した意外な人物がいます。二宮金次郎なんです。江戸時代の後期に活躍した人物で、薪を背負っている銅像でよく知られていますよね。もともと小田原の貧しい農家の倅《せがれ》です。酒匂《さかわ》川の氾濫によって田畑を失い、貧乏の末に両親が死亡。このまま農業だけでは先がないと考え、奉公に出ます。農業は収穫が安定しないうえに、半分は税金（年貢）に取られて**可処分所得**が少ない。その点、奉公でもらう給金は当時は課税されなかったので丸々手元に残ります。奉公して働いて給金をもらいながら、合間に農業をやる。そうやってお金を貯めて田畑を買い、20代で小田原の山を買っているんです。貧しい苦労人のイメージをもっている人が多いと思いますが、実は若き不動産所有者だったのです。

可処分所得
給料やボーナスなどの個人収入から、税金や保険料を差し引いた手取り収入のこと。

奉公が終わると奉公仲間と一緒に自分の山へ行き、そこらに落ちている薪を拾って小田原の街まで数キロメートルを歩いて持ち帰り、そこで売りさばいていたようです。電気やガスがない時代、薪は熱効率が高くて長もちするエネルギー源でした。自分の山から拾ってくるので仕入れ値はもちろんタダ。原価ゼロの薪を高く売って金儲けしたわけです。

山本　僕は二宮金次郎を完全に誤解していました。小学校には日本全国、必ず金次郎の銅像があったけど、すごく貧しそうでしょう?

田中　本物とは全然違いますよ。銅像は小柄でちんちくりんですが、大人になった彼は身長180センチメートル以上、体重90キログラム以上という、江戸時代としては並外れた大男だったそうです。

山本　そうか、二宮金次郎の銅像は一種のアートなんですね。ブロンズ像にして各学校に立たせるというのは、かつてのオランダの肖像画文化と似ていますね。日本だとバブル崩壊前、経済成長して豊かになったときに、彫刻家は企業や学校からブロンズ像を頼まれることが多く、僕の父はある学校の理事長の銅像を彫刻家の**舟越保武**先生に頼みに行ったことがありました。当然、完成する前に「こういう像になります」と塑像《そぞう》を見せるのですが、これがあまり似ていない。理事長の家族や理事たちは皆、大反対したのですが、舟越先生はこう言ったんです。「この銅像はブロンズでつくるから１０００年耐用しますけど、実際の理事長を見た方は何歳まで生きますか？」と。つまり、本人にそっくりの銅像をつくるより、本人が残した仕事の意義を芸術的に表したいと話された。二宮金次郎の銅像が２メートル近くあったら学校には相応《ふさわ》しくないし、小さくつくるほうが教育効果が高いと判断されたわけです。だから、シンボルがアートとして残り、僕たち庶民は誤解してしまう。

「貧しい人を助ける」金次郎の与信管理

田中　金次郎は金利を理解して、日本で初めてファンドもつくっています。原価

舟越保武
ふなこし・やすたけ（１９１２～２００２年）、佐藤忠良とともに日本の戦後を代表する彫刻家。自身が受洗したこともあり、キリスト教関連の作品を多数発表。１９８７年に脳梗塞で右半身が麻痺すると、亡くなるまで左手のみで制作し続けた。

ゼロの薪を売ったお金でファンドをつくり、それで金貸しを始めるんです。困っている人に貸す。一応、彼は無利子と言っているのですが、たとえば10回払いで返済させて、完済の暁には感謝の気持ちをもう1回の追加返済で示せと。私にはどう見てもそれが利息に思えるんですけどね（笑）。貸し付けにあたってはコンサルティングをやるんです。こうすれば返せるようになるよと具体的な改善指導をする。

山本　二宮金次郎が貸している先は、企業ではなくて個人でしょう？

田中　そこが非常に面白いのですが、金次郎は**与信管理**をしっかりやっているのです。さきほど言ったように生活に困っている人に貸しながら、贅沢三昧《ざんまい》であぐらをかいているお侍には絶対に貸さない。彼の与信管理と生活改善のアドバイスがやがて藩政改革にも取り入れられ、小田原藩の財政などを見るようになります。さらに小田原藩の分家筋、下野国《しもつけのくに》（栃木県）の桜町《さくらまち》領の復興を手がけます。この荒れ地の桜町領の財政再建に成功し、武士として取り立てられます。その後、彼の財政再建手腕が全国的に知れ渡り、各藩から経営改善を手伝ってほしいとの

与信管理
取引先と何らかの取引を行う際、代金を回収するまでは相手に信用を付与することを「与信」と言う。ただ、相手の経営状況によってはお金が回収できない可能性もあり、そうしたリスクを防ぐために、相手の情報や動向を収集して分析し、取引額を調整するなどしっかり回収できるよう管理すること。

依頼が殺到するんですね。そのあと幕臣にまで取り立てられましたが、まわりの嫉妬もあって幕府の仕事は引退。ですが彼のもとには全国から藩政改革の依頼がずっと続きました。私は二宮金次郎こそ日本最初の経営コンサルタントだったと思っています。

山本　一時、インドのグラミン銀行が話題になりましたよね。貧乏な人にお金を貸すと。同じ境遇の女性が数人で保証人になり、一人に貸す。その人が返済できないとその数人が助ける システム。金次郎はあれの先手だったわけですね。

田中　そうです、金次郎は江戸時代の後期にそれをやっていました。藩の財政改革をやって、複利に気づいて財政の立て直しのために米相場にも手を出しています。彼は、支出と収入のバランスを整えなさいという「分度《ぶんど》」を教えました。収入をきちんと計り、その範囲に支出を抑えろと。それをないがしろにするから支出超過になって借金が増える。分度の考え方を基本にして、それを具体化させるための方法をコンサルティングしていったのです。その意味で彼の行ったのは空理空論ではなく、人々の生活に密着した生活改善のアドバイスでした。

山本　なるほど。現在の大銀行は銀行本来の金貸しをせず手数料で稼いでいて、もはやその役目を果たしていないけど、いまの話は信用金庫には役立つかもしれない。二宮金次郎は貸す相手を個人的に知っているじゃないですか。人柄とか、どんな仕事をしているのかとか。その人の日頃の営みを知って、お金を貸している。これから地域の活性化には大銀行より信用金庫に可能性がある。たとえば新潟県の燕三条に行くと、そこのおじさんは世界中のシェフが買いに来る包丁をつくっている。けれどこのおじさんには後継者がいない。後継者を育てる余裕もない。そこに信用金庫がおじさんを人的資源として将来キャッシュフローを生む可能性があると判断できる仕組みをつくれば、お金を貸しやすい。

「節約は大事だが必要なところにしっかり使いなさい」

山本　それに似た話で、イタリアではチーズが担保になる融資があります。一般的な融資とは違う話ですが、スイスで知り合った日本人の方の話で、経営が立ち行かなくなったスイス人があるとき牧場を売りに来た。その日本人は牧場を買った。けれど彼は牧場を買っても運営できないから「あなたはそこにいなさい」と言って、地代はチーズで払えばいいことにした。だからその日本人を訪ねたとき、酪農家がつくったチーズを僕にくれたんです。彼はチーズとか、ハムやベーコンなどをもらえれば地代は要らないと決めたわけです。資本家が出資して産業を活かすのに、二宮金次郎のようなやり方は現在でも使えるかもしれませんね。

田中　そうですね。これは個人や企業レベルを超えて、業界や国レベルでもそうですが、文化を守るためにはお金が必要です。上手にお金を稼ぐこと、あるいは借金返済ができる能力、これがないと文化を守ることはできません。問題はそのあとです。二宮金次郎は「倹約とケチは違う」と明言しています。節約は大事だが、使うべきところにはしっかり使いなさいと。いまの日本は借金ばかり増えているわりには必要な美術投資が行われていない。まったくもって金次郎の教えの逆をやっています。これは金次郎先生をタイムマシンで呼んでこないといけませんね。

山本　いや、金次郎を呼んでこなくても、田中さんが二宮金次郎になればいいんじゃないですか？　日本美術界のためにお願いします（笑）。

3 日本の会計のキーマン、福沢諭吉と渋沢栄一

日本で初めて洋式簿記を紹介した福沢諭吉

山本　話を戻しますが、僕たち日本人は19世紀に明治維新を迎えて、そこで初めてグローバルな簿記と出会うわけですよね？

田中　そうですね。最初に日本で西洋簿記を広めたのが福沢諭吉です。１８７３年、アメリカの簿記教科書を翻訳した『帳合《ちょうあい》之《の》法《ほう》』を出版、これを慶應義塾の塾生だった**早矢仕有的**の経営する丸善を通じて販売します。それまでは大福帳を使っ

早矢仕有的
はやし・ゆうてき（１８３７～１９０１年）、明治期の実業家、医師、官吏。１８６９年に横浜に書店丸屋（現丸善）を開業し、洋書や薬品医療器を輸入販売。西洋式簿記を取り入れ、合理的な経営を目指した。その後、日本橋に店舗を開きそこを本社にしたことから、日本橋は会計が始まった地とされている。

ていた商人たちも、この本をきっかけに少しずつ洋式簿記を使いはじめます。お札で有名な福沢諭吉は、日本の帳簿を西洋式に転換させた人物でもあるんですね。

山本　早矢仕有的は実は僕の母方の親戚筋なんです。ハヤシライスの元祖（諸説あり）と言われる人ですね。

田中　え、そうなんですか！　彼は丸善の御曹司なのですが、福沢諭吉の門下生ということもあって、慶應義塾のテキストを印刷していたようです。『帳合之法』が出版されたときは、丸善の日本橋店でさっそく簿記の塾を開催しています。

山本　それが文房具の販売につながったのかもしれません。当時、早矢仕有的は西洋の本を輸入することを福沢諭吉にすすめられますが、その洋書のなかに簿記の本があったのでしょう。

以前、東京下町の工場を経営する社長が、ドイツから輸入された古い技術書を紹介していました。それをベースにして近代の製造技術が発達し、日本でも美術本をつくれるようになった。

昨年、上海の近くの景徳鎮《けいとくちん》で元様式の染付をつくっているアトリエを訪ねてきました。彼らは日本で出版された元・明・清の染付の本をもっているんです。中国ではそういう出版物は少なくて、日本の出版物を参考にして絵を描いてるそうです。文明が広がるのに出版物はたいへん役に立っている。福沢が早矢仕に簿記書を含む洋書の翻訳を指図したのは重要なことでしたね。

資本主義を取り入れ、株式会社が誕生した

田中　明治期の人物でもう一人欠かせないのが渋沢栄一です。福沢諭吉が簿記を日本に紹介した人なら、渋沢栄一は普及させた人物です。

渋沢栄一は「日本の資本主義の父」と称されることが多く、その名の通り、銀行（第一国立銀行〔現みずほ銀行〕）や東京証券取引所といった金融の礎《いしずえ》をきずきました。渋沢が2024年から一万円札の肖像になると決まったとき、意外と渋沢を知る人は少なかった印象があります。これは渋沢があまりにもいろいろなこ

とをやりすぎて、「何をやった人」と、ひと言で語れないことが原因だったように思います。それくらいすごい人だったわけです。

山本　渋沢栄一がつくった会社って半端な数じゃないでしょう？

田中　はい。500社を超える株式会社の設立に関わっています。渋沢は江戸末期の1867年、20代半ばで幕府高官に随行してパリ万博を訪れました。ここで彼の運命が変わったと言えるでしょう。低い身分の江戸商人と比べて、パリの実業家は国と文化を支える堂々たる存在だった。その事実は彼に相当の衝撃を与えたはずです。

そこで見た金融制度や会社組織を彼は日本に持ち帰ろうとします。その一つが簿記でした。帰国後、大蔵省に勤務したときは、まわりの反対を押し切って西洋式の簿記を導入しました。そして株式会社の普及にも尽力し、多くの会社設立に携わっています。株式会社の存在すら知らず、運営の仕方もわからない明治初期の日本において、みんな渋沢を頼りにしたんでしょう。本人も頼まれたら「しょうがない、手伝ってやるか」って言っているうちにどんどん数が増えていったんだと思います。おそらく自分がやりたいからというより、頼まれて手伝っていたのだと思います。

山本　渋沢栄一にとって会社はコレクションの一種なのかもしれませんね。彼は大倉財閥設立者の大倉喜八郎さんとすごく親しかったのですが、大倉さんは大倉集古館というコレクションを残しています。渋沢栄一にとってのコレクションは会社だったんでしょうね。

美術的な側面から渋沢を見ると、彼は1887年に日本美術協会の評議員を務めています。この協会は日本美術振興が目的で、どちらかと言うと伝統絵画の保存がメインです。渋沢は1867年にパリ万博を視察したので、世界に輸出できる文化が伝統的な表現だと考えたのでしょう。これは東京藝術大学を設立した**岡倉天心**にも見られる思考です。岡倉も1898年に日本美術院を創設して、西洋美術の真似事ではなく伝統的な日本の絵画を近代的に発展させる構想をもちました。二人とも新しい日本美術の在り方を考えていたにちがいありません。新しい文明である西洋文明を輸入しようとした二人は、ただのグローバリストではなく、ローカルな文化を育む改革をしようとしていた。実は西郷隆盛や、彼を評価して

岡倉天心
おかくら・てんしん（1863〜1913年）、明治期の思想家、文人。近代日本における美術史学研究の第一人者であり、日本画を推進するため1887年に東京美術学校（現東京藝術大学）を創設した。

いた福沢諭吉にもその気概があることを見落としてはいけないでしょう。

田中　会社がコレクションというのは悪い意味ではなく、社会貢献として多くの会社設立に関わったということですね。

山本　もう一つ、注目したいのが、渋沢栄一は財閥を残していないこと。三井や三菱、そして大倉も財閥だったけど、渋沢栄一や福沢諭吉はそこには関心がなかったのかもしれない。福沢諭吉の弟子たちは財閥をつくったけど、福沢本人は慶應義塾をつくって人のコネクションを残した。銀座には「交詢社《こうじゅんしゃ》」という慶應義塾のコネクションがいまもサロンとして生きています。

『論語と算盤』に見る「アクセルとブレーキ」

田中　江戸から明治になってグローバル化が始まった頃、当時の日本人は昨今の国際社会でのイメージとは少し違い、マナーを守らなかったり、すぐ約束を破ったり、人を騙そうとしたりしていたようです。ビジネスの現場でも平気で遅刻はするし、約束は破る。建設現場では新たに導入されたダイナマイトを適当にいじって爆発して死んでしまう人が多かった。日本人を指導したフランスの技師は「こいつらは勇敢なのかバカなのか、何なんだ」と呆れたそうです。いわゆる無鉄砲で単純な人間が多かった。だから、渋沢栄一が書いた『論語と算盤』（角川ソフィア文庫）は意義があったと思います。

ここに書かれているのは、商売についてアクセルとブレーキの両方をもちましょうという話です。金儲け（そろばん）がアクセルだとすると、論語がブレーキ。そろばんは重要だけど、ちゃんと道徳心ももちましょうと謳《うた》っているわけです。このアクセルとブレーキの両立は二宮金次郎に通じるものがありますよね。必ずしも質素倹約がいいわけではなく、飯をいっぱい食いたい、いい服を着たい、それのどこが悪いんだと人間の欲を肯定する一方、欲には上限を設けないといけないという金次郎の教え。渋沢も商売で儲けを求めるプロセスには倫理や道徳が必要だと考え、それを彼は論語に求めた。

山本　マックス・ヴェーバーの『プロテスタンティズムの倫理と資本主義の精神』（岩波文庫）には、倫理が経済に与える影響のことが書かれています。渋沢はマックス・ヴェーバーより前に倫理と経済のことを考えていたのはすごいですね。論語はプロテスタンティズムとカトリシズムの間にあると思えるのですが、彼は少しカトリック的かもしれません。

田中　プロテスタントで言えばカルヴァン派は「個人の自立」が大事であると謳っています。これは「自分の頭で考えろ」という現代のビジネスマインドに通じます。カトリックは「教会の神父が言うことに従え」という感じですが、プロテスタントは個人の自立に重きを置いて、そのために自ら学べ、ビジネススキルを高めろといった流れになる。効率的に生産的に儲けるにはそれが必要であると。渋沢が論語をもってきたのは、儲けることは大事だけれど卑しい儲け方はしないほうがいいという意味ですね。

プロテスタントが多いことと関係あるのかもしれませんが、アメリカという国はアクセルが行きすぎると必ずブレーキをかけるんです。株価重視が高まりすぎて**粉飾決算**が多発し、２００１年に**エンロン**の経営破綻が起きました。この破綻をきっかけに、行きすぎた資本主義の暴走を止めるために**内部統制**というブレーキができたのです。その数年後、日本にも内部統制がやってきたのですが、ちょうど日本はＩＴバブルが弾けて経済が瀕死の状態だった。そこに内部統制というブレーキを踏んでしまったことで企業業績がさらに悪化しました。ここは本来アクセルを踏むべきだったところに、グローバルスタンダードだからという理由でブレーキを踏んでしまった。意味のない過剰管理のブレーキで動きが止まってしまいました。

当のアメリカは、２００８年にリーマン・ショックが起きたときに、内部統制を弱めている。彼らはアクセルとブレーキのバランスをしっかり理解しているんです。行きすぎたときはブレーキをかけ、速度が弱まってきたらアクセルを踏む。日本の場合、時速30キロメートルしか出ていないのにブレーキをギュッとかけてしまう。渋沢栄一の言う商売と道徳の「両立」の意味をいまいちど考え直すべきだと思います。

粉飾決算
経営や財政状態を事実とは異なる金額で計上して利益を操作すること。主に利益を実際よりも高く操作することを言う。

エンロン
アメリカ・テキサス州ヒューストンにあった、総合エネルギー取引とＩＴビジネスを行っていた企業。もとは１９３１年、数社のエネルギー関連会社が集まってできた企業。２００１年、インドのダボール電力へ巨額の不正経理・取引による粉飾決算が判明し、同年12月に破綻した。これをエンロン・ショックと言う。

内部統制
組織の業務の適正を確保するための体制をつくる

日本で「原価計算」が発達した意外な理由

山本　そういえば、渋沢栄一の時代の会計は、もう完全に洋式簿記になっているんですか？

田中　いつの時代も経理の現場は現状維持を好み、新しいやり方を拒絶する面があります。だから、洋式簿記が一般に普及するためには大正時代の末期まで時間がかかりました。そこでやっと経理の現場に洋式簿記が導入され、縦書きの漢数字に代えて横書きの算用数字が使われるようになりました。その転換の大きなきっかけになったのは、「税務署がそのように切り替えなさい」と指導をしたからです。江戸から明治、大正と時代が変わっても、相変わらず日本人はお上の指導に弱いんですね（笑）。

ちなみにその大正時代の税務署の指導で、赤字のマイナス記号を三角記号（△）で書きなさいというものがありました。それ以来、日本人はマイナスを△で書くようになりましたが、これをやるのは日本だけです。残念ながら文明にはならなかった。でも日本人はそれをグローバルスタンダードだと誤解しています。

システムのこと。エンロン・ショックなどにより日本でも不正を防止するシステム構築の機運が高まり、２００４年の会社法で業務全般に対してこのシステムを運用することが明確になり、２００６年に施行された。

山本　どうして税務署はマイナスを△で書けと指導したのですか？

田中　数字への書き換え防止です。横棒1本のマイナス記号（－）はあとから線を書き足して数字に書き換えられますよね？　それでどの数字にも書き換えることができない△にしたようです。

そのようなわけで、経理実務の現場が変化したのは大正時代ですが、それ以前の明治の近代化にとって洋式簿記の影響はとても大きかったと思います。もともと日本人は計算や暗算が得意でそろばんも使いこなせていました。江戸時代には金・銀・銭をそろばんで両替計算できる実力があったわけです。そのような計算力の下地があったところに、さらに合理的な簿記システムが入ってきたわけですから、鬼に金棒だったのではないでしょうか。

山本　簿記が明治の社会的・経済的基盤として入ってきたことで、イギリスやフランスとの貿易や、アメリカとの経済的な関係がより拡大したのでしょうね。そして、鉄道事業など国の根幹に関わる公共事業が発達したのも、洋式簿記によって正確な計算ができるようになったからなのかもしれませんね。

田中　それは間違いありませんね。これは中世ヴェネツィアがガレー船を国家所有にして商人へ貸し出した時代と変わらない話ですが、公と民がともに発展するためには公の所有する資産を「適正価格」で民に使用させる必要があります。高すぎても低すぎてもダメなんです。いまで言えば、航空運賃とか電車運賃、あるいは電力料金や通信料金にも当てはまる話ですが、運営者と利用者がともに発展できる適正価格が設定されないと経済がうまく運営できません。

そのような公共料金の計算がもっとも発達したのは鉄道会社です。19世紀イギリスで誕生し、やがてヨーロッパからアメリカに広がった鉄道会社において原価計算が誕生・発展しました。彼らの運賃は、正確なコスト計算ができないと決まりません。きちんとした帳簿をもとにした原価計算の仕組みがあって初めて切符の値段設定ができるわけです。この鉄道会社で発達した原価計算の仕組みが製造業へと伝わっていきました。

山本　アートは資本財なので価格の決め方は消費財と異なるのですが、消費財は原価計算が大事なんです。田中さんのおっしゃる通り、これにはどうしても簿記がないと計算できない。日本が工業化社会に向かうためには必須条件になる。美術品の価格は原価計算ではなく社会関係から決まる側面があって、価格決定のメカニズムがそれとは違いますが。消費財を量産する資本主義社会には簿記が不可欠だというわけですね。

田中　少し時代は進んで、わが国の場合、20世紀に入ってから戦争のときに原価計算が発達しています。さまざまな会社が銃弾やトラックといった軍事用物資をつくりますよね。そのときに国はいくらで買うのか価格決定をするわけですが、ここで原価計算が発達しています。軍需品の買い上げ価格を決定する必要性のもとで、材料費・労務費・経費の区分から原価を計算するメカニズムが発展したのです。

しかしそのような原価計算、そして原価計算をもとにした価格決定には、いまでは限界が見えはじめています。つまり、時代遅れです。たとえば書籍1冊の価格を決めるのには、材料費・労務費・経費がありますよね。それをもとに1冊の原価を計算し、そこに利益を何%か乗せて価格決定するわけですが、これが電子書籍になると使えないのです。すでにコストをかけてつくった書籍や新聞の電子版を発売するとき、その販売価格をいくらにすればいいのか。ここで従来の原価計算プライシングが使えないんです。

これからは消費財にもアートのようにマーケットプライスを意識した価格決定が増えてくると思います。

山本　消費財の価格決定のほうが美術品に似てくるわけですね。ではもうすぐ僕がビジネススクールの先生になれるかな（笑）。

蓄財を国に還元するパブリックな思考

山本　福沢諭吉と渋沢栄一が明治に何をやったのかを田中さんに教えてもらってあらためて思ったのは、彼らはすでにパブリックな思考をもっていたということです。簿記という世界共通の土台を発見して日本に持ち込み、それを日本全国に広げていった。そして、それを自らの財産にするのではなく、広く日本という国

JPモルガン
ジョン・ピアポント・モルガン（1837〜1913年）、アメリカ5大財閥のうちの一つ、モルガン財閥の創始者。父が興したJ・S・モルガン・アンド・カンパニーを継ぎ、世界最大の銀行家となる。蒐集した美術コレクションはメトロポリタン美術館などに寄贈した。

に還元した。一方で、他の実業家たちは自分の蓄財を求めて財閥をつくり、そこでの蓄えによってアートを買ってパブリックにしようとしたのですね。
たとえば三井財閥を支えた益田孝、帝国蚕糸《さんし》の原富太郎、東邦電力の松永安左エ門などがその例です。でも、福沢と渋沢には最初から本人のなかにパブリックがあったから、あえてパブリックを外に求める必要がなかった。むしろプライベートで儲けた人たちがアートというかたちでパブリックに、社会に還元している。

田中　プライベートで大儲けした人たちが美術品を購入し、晩年に公開するというのはアメリカ人に多いタイプですよね。**ＪＰモルガン**、ロックフェラーなどのコレクションは美術館で展示されていますし、あとは石油王の**ゲティ**はロサンゼルスに広大な敷地の美術館を有しています。私も初めて行って驚きました。美術館のなかにモノレールみたいなものが走っているゲティ美術館。おそらく蓄財だけで終わってしまうことに、晩年さみしくなるんじゃないでしょうか。「俺、何のために生きているんだろう」と思って。私のような小者にはまったく理解できない境地ですが……。

ゲティ
ジャン・ポール・ゲティ（1892～1976年）、アメリカの実業家、石油王。父ジョージが石油会社を設立して財を成し、その後、ゲティ・オイル・カンパニーを設立。1956年、『フォーチュン』誌で世界一の大富豪に選ばれた。世界的な美術コレクターの一面をもつ。

第4章

価格から考える「アートの問題点」

1 パブリックになれない日本のアート

美術は「個人の好き嫌い」ではない

山本　美術では、その基本的な構造を知らないで絵を描いていると、自己満足に陥ってしまいます。美術大学で教えなければいけないのは、まさに「文明と文化の違い」です。そこをきちんと教えないといけない。文明の上に乗っかっている文化じゃない限り、公共性の意味はなくなり、「個人の好き嫌い」で終わってしまいます。

田中　自己満足で描いてはダメだというわけですね。感性で好き勝手に描いていいわけではなく、その背景なり歴史なりを理解したうえで描く必要があると。

山本　たとえば、落語はコンテクストがあるから、長きにわたって語り継がれるのです。けれど漫才はそうはいかない。なぜなら漫才は瞬発芸だからコンテクストがない。「コマネチ！」というビートたけしのギャグは、日本人にしかウケません。でもお笑いの分野でも、最近は外国人の落語家が出てきました。それは文化のコンテクストをもつ落語だからです。

一方で若い人たちは、僕の娘もそうだったのですが、過度な言葉狩りの影響で知らない言葉があったりします。それは差別用語として禁じられているからです。言葉狩りに遭った表現のなかには、文化の一翼を担っていたものもあるでしょう。テレビではそういう話はできませんが、落語の寄席では差別用語の問題はいまのところ発生していません。なぜかと言えば観客はお金を払って聞きに来ていて、聞きたくない人は聞かなくてすむからです。テレビでは聞きたくない人まで耳に入るので問題になる。そして若い人たちは文化から疎外されるわけです。

田中　山本さんのおっしゃる文化というのは、表面上のきれいな部分、上っ面ではない社会の影の部分を含むということですね。差別用語を使わないことはもちろん大切ですが、差別用語が存在することや、差別がどうして生まれてきたのかを知ることは子どもにとっても必要だと思います。故・立川談志師匠は「落語は業《ごう》の肯定である」との名言を残しています。落語は人間の弱い部分やずるい部分を認めることによって成立するのだと。談志師匠は、絶対にテレビでは放映できない暴言や差別用語を落語会で話していましたが、そこには弱い人間に対する愛がありました。だから聞いていてまったく不快にならなかった。差別用語を取り除いてしまうことは、弱き者への優しさまで失わせ、「見て見ぬふり」をしてごまかすことにつながります。

絵画とイラストレーションの違いとは

山本　美術用語は日本語に翻訳できない言葉が使われます。たとえば「オブジェ」という概念は、日本では「対象物」と訳されますが、世界中の美術関係者はすでにオブジェという言葉を美術作品の共通言語として使うようになっています。絵画という言葉も日本語だと定義しにくいし、たとえばペインティングとピクチャーという本来違う意味の言葉が一緒になってしまっている。ペインティングは技法です。ピクチャーは一つの四角いイメージのことで、写真もピクチャーです。絵画も写真もピクチャーという概念に入るんだけど、世界では技法でペインティングとフォトグラフを区分けしている。日本では言葉が曖昧で、すべて「絵画」とひと括りにしてしまうのです。

田中　訳せない言葉もいっぱいありますね。「コンテクスト」という言葉も難しいですよね。「文脈」と訳されますが、物語と言ったほうがいい気もします。

山本　「文脈」というのは、どちらかと言えばつくられたものを結果として説明的に見ること。積極的につくっていくのが「物語」です。コンテクストの場合、積極性を重要視する場合は「物語性」と訳したほうがいい気がします。

田中　文脈という場合には過去の歴史を語るイメージが強いですが、物語には未来を含む積極性があるように思います。美術をより一般化していくためには、コンテクストしかり、ピクチャーしかり、翻訳しにくい専門用語を一般の方にももう少しわかりやすく説明したほうがいいかもしれませんね。

山本　「芸術」という言葉もまだ150年しか歴史がないので、まだ自信をもって話せていない気がしますね。やはりまだ日本の場合は、美術がもっている道具性みたいなものから離れられていない。絵というのはもともとイラストレーションだったわけでしょう。世界はすでに絵とイラストレーションを区別しているのですが、僕が見ている限り、いまの日本の絵画の80％はイラストレーションに思えます。芸術という領域以前のものです。でも、そもそも美術学校でイラストレーションと絵画の違いを教えていないし、教わるほうもなんとなく気分的に違うんだなと感じている程度です。

田中　あらためてお尋ねしますが、イラストレーションは絵とどう違うのでしょうか？

山本　イラストレーションは簡単に言えば挿絵です。たとえば花の図鑑で、文章の横に補足説明の絵がついていますね？　あの絵がイラストレーション、つまり挿絵です。説明のためのイラストレーションを脱して、それ独自の思想や意味をもつものが、僕の言う「絵画」です。

田中　イラストレーションは文章の添え物であってそこに思想がない。それに対して絵画はそれ独自の思想や意味をもつのですね。そのような区別があるとは私も知りませんでした。

「道具性」から抜け出した美術としての刀剣

山本　第3章で江戸時代の話をしましたが、幕末になると「交換のための交換」の役割を道具屋が担うことになります。どういうことかと言うと、それまでの交換は「実用品の交換」でした。けれど、たとえば武士階級が絹の着物を着ていた頃、町人はその着物を着なくても生活に支障はないけれど、美しいから着よう、着たいという欲望が生まれます。そこで実用品からもう一つランクの上がった「交換」が行われるようになりました。しかも、お侍さんにも実用性がなくなった刀を最後は質屋に入れてしまうようなことが起こり、武士の魂と言いつつも、実際には抜こうにも抜くことができない刀を生活に困って売ってしまった。他方では、刀こそ武士の魂と言って斬らなくても刀を大事にする風習が生まれ、別の見方である美術的な評価が生まれるようになった。世界で美術品として観ているのは日本人だけですよ。

田中　なるほど。そう言えば5代将軍の徳川綱吉《つなよし》が「生類憐《しょうるいあわれ》みの令」を出しますよね。教科書では「お犬様に土下座するなどバカなことをやった」と説明されますが、別の見方をすることもできます。もうこの時代は戦乱がなくなっていますよね。豊臣側と徳川側で戦った関ヶ原の戦いでは「実用」として刀が用いられたし、剣術を習うことは戦いに勝つためにすごく重要なスキルだった。けれど、戦がなくなって、剣術は習うけれど実戦の場がない。そうなると、どうやら犬や猫を斬るような人がいたらしいんです。だから、もうそんなことはやめようと「生類憐みの令」が出された。これは犬や猫を大事にしなさいというよりは、もう殺し合いの時代じゃないからやめようという趣旨だったわけです。刀はしまいなさいと言われたのがこの時代で、その代わりに儒教の教えを入れて家を大事にしなさい、高齢者を敬いなさいといった思想が広まっていきました。

山本　そこで「道」という概念が入った。武士道とか、剣道とか。

田中　実技ではなく、心のもちように変化するんですね。そうすると刀は実技のための道具ではなく象徴になるわけですが、それでも武士はそれを売ってしまうものでしょうか。私だったら、生活に困ったら迷わず売りますけど（笑）。

山本　実際に刀を売ったお侍さんがたくさん出てきますし、だから**竹光**が流行ってきました。刀が美術品としての側面を得ると、今度はその刀を「どう評価するか」という問題が起きます。そこに本阿弥光二《こうじ》という刀剣の鑑定を家業とする人物が現れた。備前長船住兼光《おさふねじゅうかねみつ》とか、誰がいつの時代につくったのかという歴史の記述をするようになった。それが琳派《りんぱ》の創立者の一人、**本阿弥光悦**の父親です。いまでも鎌倉時代の刀というのが一番高いんですよ。

竹光
竹を削って刀身の代わりとし、かたちだけ刀に見せかけたもの。あるいは、切れ味の悪い刀を嘲った呼び方。現代においては、芝居の小道具として用いる刀のことを指す。

本阿弥光悦
ほんあみ・こうえつ
（1558～1637年）、江戸時代初期の書家、陶芸家、芸術家。刀剣の鑑定を家業とする家系に育つ。書家として「寛永の三筆」に数えられる腕前をもつほか、俵屋宗達、尾形光琳らとともに「琳派」を創設した。

2 日本の「価値」と「評価」を知る

商品に本当の価格を与えた「楽市・楽座」

山本　日本でアートフェアが始まったのが1992年。SCAI THE BATHHOUSEの**白石正美**さんが東京タワーに事務局をお願いして実現しました。僕の父もアートフェアをやりたかったのですが、実現する前に亡くなってしまった。父と親しかったギャラリー上田の上田社長がその遺志を引き継いで、白石さんと一緒にアートフェアを開催した。これが日本で初めてのアートフェアです。

田中　アートフェアの出現によってアートがパブリックになったわけですね。

山本　そうです。アートフェアによって美術品の情報開示が行われました。僕たちギャラリーが参加するアートフェアをずっと過去にたどると、織田信長が行っ

白石正美
しらいし・まさみ（1948年〜）。1980年代末から、日本の現代美術の認知向上において主導的役割を果たす。1993年、銭湯を改装した現代美術専門のアートスペース「SCAI THE BATHHOUSE」を開設。数々の国公立美術館にて作品購入評価委員を歴任。

た「楽市・楽座」に転換点を見ることができます。楽市・楽座を日本の近代化と照らして考えると、各地にある商品を集めて、一般の人たちに「こんなものにこんな価格がついている」ということを見せたのは重要な転機です。売りに来た人も、買って帰るわけですよ。これ面白いんですけど、アートフェアでも、僕たちはアートを売りに行ったはずなのに、別のギャラリーから買うんです。東京画廊で売っている作品を必ずしもコレクターが買うのではなくて、出店している別のギャラリーが買うこともある。だから楽市・楽座の重要な点は、お客さんと売り手ではなく、売り手側がお互いに、売りに来たんだけど買って帰ることで活性化することです。そういうような場所を信長が拡大した。このことが商品評価の基準を大きく変えたと思うのです。

田中　まさにそれを21世紀のいまに復活させたのがネット通販の「楽天市場」ですよね。楽市・楽座にあやかって「楽天」という名前をつけたそうですが、あれを見ているとまさに山本さんがおっしゃるようにショップの人たちがみんなで買い物し合っています。ＳＮＳで「素晴らしかった」とコメントし合うと広告効果も高まる。自分だけでは限界がある商売を、みんなと一緒にやっているみたいなところがあります。ものを売る苦労がわかるから人の苦労にも共感できるし、いいものがあったら積極的に買いましょうという流れができていますね。

楽市・楽座と聞いてわれわれは関税がかからないフリートレードをイメージしますが、それとは別にもう一つ、重要な意味があります。楽市・楽座の前の取引を考えると、基本的に相対《あいたい》取引なんです。どういうことかと言うと、すべて個人がやっているお店に入って、「今日はこれが欲しい」「お前ならいくらでいいよ」と価格交渉をする。つまり定価がない。商売人によっては「お前には絶対に売らない」と言う人もいる。けれど楽市・楽座では、お金さえもっていれば誰でも好きなものが買える。客を選ぶということがなくなったのです。

山本　それは情報公開ということですよね。商売人のAさんとBさんとCさんが売っている米の値段が違ったら、米の安い店に買いに行きますよね。楽市・楽座からは、情報を公開してみんなで値段を調整しようとしたわけだ。

田中　楽市・楽座はアートフェアと似ていますね。アートフェアもお金さえもっていれば芸術に触れることができます。それまではお金をもっていても美術品を売ってくれないこともあった。つまり、お金さえもっていればいろんなものに触れられるようになったという意味ではパブリック化であり、そこから貨幣の力がすごく大きくなってくるわけです。

山本　アートフェアをやるとなったとき、現代美術のギャラリーでしか成立しなかった。ところが２０００年に東京タワーがアートフェアから退いて、現代美術だけでは立ち行かなくなったとき、僕が古美術店と近代美術の画廊にお願いをして出店していただくことになった。そのとき古美術店や近代美術の老舗は出たがらなかったけれど、いまでは老舗も名店も出店しています。それは日本の美術マーケットも、アートフェアで回りだしたからだと思います。

百貨店が相対取引をなくし、定価が生まれた

山本　情報の公開という意味で次の転換点になったのが、豊臣秀吉の行った「北

野大茶湯」です。これは秀吉が、自分で集めた名物（茶道具）を一般の民衆に見せる茶会です。それまでの信長たちの茶会はごく限られた人たちだけで楽しまれていました。武士や公家のほかではせいぜい堺の商人がいたくらいだったけれど、秀吉は自分の出身の身分の関係もあったと思いますが、農民とか民衆もこの茶会に誘っているんですよ。

田中　そこから茶の湯のパブリックが始まるんですね。

山本　そうです。ナポレオンがルーヴル宮殿を一般庶民に開放して、美術品を見せたことと同じです。それよりも、北野大茶湯のほうが時期としては早いんです。

田中　ヨーロッパでも相対取引が普通でした。いまでもイタリアとかでは個人店が多く、店の扉を開けて「こんにちは」って言いながら入る店がたくさんあります。もともとヨーロッパにはそういう店ばかりだったんですよね。常連になれば別ですが、初めて入る店では少し気づまりしてしまう。「お前はどこから来たんだ」みたいな感じで見られたり話されたりするのは少々怖い。そういうのをやめて、誰でも気軽に買い物ができる店をつくろうとして誕生したのが百貨店です。百貨店はパリで誕生しています。これができたことで相対取引がなくなり、定価が生まれた。

山本　一般の人がギャラリーに入りにくい原因もここにありますね。

田中　定価っていまでは当たり前の考え方ですが、交渉しなくても商品に値札が付いているのは当時としては画期的でした。

フランスでは１７８４年にパレ・ロワイヤルの一部が改造されて商店街になりました。その後、１８５２年にアリスティッド・ブシコーが「ボン・マルシェ百貨店」にてショーケースを用いた商品展示、値札販売を開始、ここからウインドウ・ショッピングという言葉が生まれました。このあたりから買い物がパブリック化していったのです。

それに対して、日本でパブリックを意識して楽市・楽座と北野大茶湯が始められたのは16世紀だから、日本のほうが早い段階からこのパブリック化を始めていたことになります。日本で既製品を売ったのは呉服店の越後屋で、これが１６７３

年の創業なので、こちらもパリより時期としては早いですね。

なぜ日本の美術はパブリックになれないのか

田中　フランスはその後、美術品もパブリック化していくわけですが、日本はプライベートのままにとどまってしまった。そこには何か理由があるのでしょうか？

山本　教育のなかで、美術や芸術は趣味の領域に入ってしまい、産業に入れなかったのが原因でしょう。

田中　なるほど。ナポレオンがヨーロッパを転戦した際、各国では略奪を恐れて美術品を売却し、その多くがイギリスのマーケットに流れた。ここからイギリスで美術品マーケットが発展します。その流れはアメリカにも受け継がれた。当のフランスでもナポレオン後には美術品の売買がさかんになっていますね。

山本　日本では芸術はお金持ちの趣味になったから、フランス人のように一般人でも絵を買うという慣習が育たなかった。江戸時代後半には消費社会が発達しすぎたので、幕府が贅沢禁止令を出します。前述のように浮世絵の値段も抑えられてしまったわけですが、その影響もあるでしょうね。「欲望を喚起する情報」を公開して公共化しようとするのがフランス革命以降の西洋の概念だとすると、日本の場合は、特に美術品はプライベートだから、それぞれのプライベートなところ（茶会やサロン）で価格をつける流れになってしまいました。さらに、目垢《めあか》がつく、つまり人目に晒《さら》されると価値が下がるという通念ができてしまい、美術品を秘蔵するようになった。秀吉が大茶会でオープンにしたにもかかわらず、茶会を個人というクローズドな世界に閉じ込めて、そこに美術商も関わって、価格をつけるシステムができあがってしまったんです。

絵画を買うのが当たり前になる時代へ

山本　それでも世界の美術がパブリック化するなかで、日本ではアートフェアが始まる前は、デパートの美術部がその代わりをしていました。三越や大丸の美術部とかです。

田中　それは面白いですね。単にデパートと言っても、フランスでは一般的な消費財にとどまり、日本では美術品のパブリック化に貢献していたと。

山本　デパートの歴史的な文脈を見ると、1970年以降、日本人が豊かになると、デパートには高級品が必要になります。各デパートで美術品を扱う部が忙しくなり、その高級品のなかに海外ブランドが加わり、ルイ・ヴィトンやエルメスといった高額品が売れるようになりました。しかし、バブル崩壊後、海外ブランドがデパートから独立して外にショップを出すようになります。そして美術のパブリック化に努めたデパートから美術が少しずつ引いていったのが、いまの日本の現状です。伊勢丹もそごうも、みんな美術館をもっていましたが、いまは一つもない。残ったのは軽井沢にあるセゾン現代美術館だけです。そして、宴のあとにアートフェアが現れたのです。

アートフェアの歴史に少し触れておきたいと思います。日本で初めて開かれたのは１９９２年ですが、ヨーロッパでは１９６０年代からアートフェアが開かれています。父がパリで開かれる国際アートフェア**ＦＩＡＣ（国際現代アートフェア）**へ出展したのは１９７０年代の終わりで、その頃フランスではすでに、世界の画廊が集まって一般の人に美術品を見せて売り買いをしていました。そこへ東京画廊が日本の現代美術をもっていったけれど、日本の現代アートのコンテクストがまだフランスに伝わっていなかったから、結局、大赤字で帰ってくる。そのときに、すでにヨーロッパでは19世紀末のジャポニスムのときにコンテクストが伝わっていた浮世絵をもっていっていれば売れたかもしれません。でも実際は、古美術の浮世絵を出品することはできません。

いまでこそアートフェアは世界の主要都市で開催され、毎月どこかの都市に１００軒以上のギャラリーが集まって商いをしています。東京画廊も**アート・バーゼル**（スイス）以外にも年間4〜5回出展し、日本の現代美術を海外に販売しています。日本の現代美術が世界のマーケットで取引されるようになったことを、亡き父に知らせたいですね。東京画廊も株式会社なので、もちろん売り

ＦＩＡＣ
１９７4年から例年10月にフランス・パリで開催されている、世界最大級のアートフェア。Foire internationale d'art contemporainの通称。

アート・バーゼル
１９７0年から例年6月にスイス・バーゼルで開催されている、世界最大級のアートフェア。

上げは複式簿記で会計処理をしています（笑）。

田中　私のような一般人がアートフェアに行って絵を買うことはできるんでしょうか？　せっかくなので見るだけでなく、若いアーティストの絵画を買ってみたいと思っているのですが。

山本　たとえばバーゼルのアートフェアでは、最初の2日間はかつて購入されたVIPしか入れないファーストチョイスが開かれます。3日めからは一般の方も入場できますよ。ぜひそこで絵画をたくさん見てください。5000点も見れば1点くらいは気に入った絵にめぐり会えます。海外の若いアーティストであればそんなに高くありませんよ。そこを絵画購入の入り口にするのはおすすめです。

田中　株でもそうですが、理屈だけじゃなくて実際に株式を買ってみると興味がわいて勉強する気になります。大した金額じゃなくても、身銭を切ると真剣になりますからね。ではいずれ山本さんのカバン持ちでバーゼルについていって、絵画を買うことを目標にします。

3 アートをお金で語ることは不純なのか

画廊に行っても、もう高額で買わされない

山本　アートフェアの大事な機能は、どのギャラリーでも、たとえば30歳のアーティストならだいたいこのくらいの値段というふうに、お互いに調整し合うことです。日本で開催されるアートフェアでは、どこの画廊でも若いアーティストの価格は5万円から、高くても10万円に設定しています。それ以上高い値段をつけると売れにくい。だからみんなで見せ合うと、そこで調整が始まるわけです。

田中　アートフェアそのものに価格調整機能があるのですね。

山本　はい。しかもその価格調整が高いほうには行かないんです。抑えるほうに向かう。それはなぜかと言うと、アートフェアが情報公開の役割を果たしているからです。そもそもアートフェアがなければ高くできるんだけど、世界の至るところでアートフェアがあるからそれはできない。これが、たくさんの人がたくさんの絵を比較して見れることのよい点です。

そこで絵画のだいたいの値段を知れば、アートフェアのあとに画廊に入りやすくなります。たとえば、東京画廊がアートフェアで5万円の価格をつけていたら、「この作品は5万円だ」という情報が開示されるので、直後に東京画廊で7万円にはできない。みんなが画廊に入りにくい一つの原因に、自分との関係で値段が決まるのではないか、つまり相対取引なのではないかという恐怖心があるからだと思います。

田中　いつの世も変わらないんですよね。自分だけふっかけられるんじゃないかって不安になるのは。

山本　そう。ところがアートフェアで価格を確認できると、「山本さん、このあいだ、アートフェアで5万円だったじゃないか。なぜ7万円になったのか」って言われてしまう。

田中　山本さんがおっしゃる、価格調整機能をもったアートフェアの始まりはいつですか?

山本　そんなに古くないです。アートケルン（ドイツ）が世界でもっとも古い現代美術のアートフェアです。1967年に国際的なアートフェアとしてスタートしました。

アートと会社に共通する「ネットで買えない理由」

田中　楽市・楽座や北野大茶湯でパブリック化と定価が生まれ、人々は安心してものを購入できるようになり、その流れで美術ではアートフェアが生まれた。これは一つの革命だと思います。もう一つ、現代に革命が起きるとすれば、インターネットではないでしょうか。これによってお店やギャラリーに行かなくても、家にいながらにして価格を知ることができます。しかも画商の人などに会うことなくクリックするだけで購入できる。これからアートもインターネット・オークションなどで流通経路が広がる可能性はありませんか？

山本　美術品にはコンディションの問題があるので、インターネット取引が広がりにくいのです。たとえば絵が1点、インターネットに載るとします。けれど、この絵がもっている「モノ」としての質感は伝わりにくい。イメージだけでなくこの絵の物質に値段がついているから、この物質性は実見しないと評価できないです。だから、インターネットでの売買は**サザビーズやクリスティーズ**というオークションハウスあたりのブランドになって初めて可能なんです。たとえば、電話入札で購入する実業家の前澤友作さんは、彼の代わりにその絵を見ているオークションハウスの担当者がいます。その担当者が「前澤さん、これは大丈夫ですよ」と教えてくれる。サザビーズに信用度があるから、前澤さんは高額な絵を落とせるんです。オークションハウスのブランドが重要なのです。

サザビーズやクリスティーズ
世界のオークションを牽引する2大組織。サザビーズは1744年、クリスティーズは1766年にイギリス・ロンドンで創業した。

田中　アートは1点もので量産品ではないから、実見しないとだめなんですね。量産品の自動車であれば近所のショールームで確認できますが、同じ資産でも土地はそこに行って実物を見ないといけない。それと同じで、絵画も「その実物」を見ないといけないわけですね。

山本　だからどうしても画廊に行くなり、アートフェアに行くなり、現物を確認してからでないと、絵は買いにくい。インターネットに相応しいのは、もしかしたら写真と映像かもしれません。写真の場合は、写真集に印刷されたものと、写真家が撮ったオリジナルとの間にどこまでの違いがあるかが問題になります。写真は版画と同じように1点ものではなく、必ずエディションがあるから。逆に映像と写真が美術としてどこまで価格が伸びるかの鍵となるでしょうね。

田中　現段階でアートフェアがこれだけ盛り上がっているのは、まだインターネット取引に進めていないからかもしれませんね。実はこれ、会社の売買にも同じことが言えます。会社も実際に見ないと売り買いができません。買うときは必ずその会社に行って、いろんな現場や経営者がどんな人なのかをチェックします。投資先企業を調べることをデューデリジェンスと言いますが、これによって買収する前に実際の帳簿に載っている資産が本当に実在するのかどうかを確認します。その過程で架空資産が見つかって、買収が破談になるケースもあります。つまり会社のコンディションを実際に確かめるという、美術品と同じことをしているわけです。

山本　美術ではもう一つ、評価には「解説」が大切です。この作品にどういうコンテクストがあるのかを伝える解説がすごく大事なんです。だから見ただけでは絵は買えません。その絵が美術史のなかでどういう位置にあるのかがわからないから。本章の冒頭で若いアーティストはコンテクストを理解していないで描いているという話をしましたが、コンテクストがないと価値の判断ができないわけです。

田中　聞けば聞くほど、アートと会社は似ていますね。M&A（企業の合併や買収）と美術品の置かれている環境とか、キーワードがそっくりです。

「お金は不純」神話はもうやめよう

山本　僕はよく地方で講演をするのですが、そのなかで一番ウケるのが、実はダ・ヴィンチとかゴーギャンの絵の値段の話です。みんなやっぱり作品につけられた金額を聞くと、目の輝きが変わります。

田中　知人の有名美術館ガイドに聞いた話ですが、ガイドをするとき、絵の購入価格だけは言っちゃいけないそうです。価格のことを言うのは美術館から禁止されているのだとか。私にとってはそれが一番聞きたいことだったりするのですが（笑）。

山本　僕は金額の話を美術学校でもするので、かつては僕の授業を聞いた学生たちのなかに「山本先生は不純だ」と思っている人もいました。

田中　たとえば、ピカソはたくさんの作品を描いていますよね。経済理論から考えると、マーケットのメカニズム的には「希少価値」と言って、供給数が少ないほど値段が上がるはずなのですが、ピカソを見ているとそうなっていません。ある程度の数がないとそもそもマーケットが成立しない。作品の少ないフェルメールの絵画などは、売りに出ることもないからマーケットが成立しませんよね。

山本　そもそも数が少ないと売りものが出ませんからね。だからフェルメールは、持ち主によって**キャピタルゲイン**ではなく、所有しながら入場料、貸し出しやグッズ販売などの**インカムゲイン**で稼ぐことになります。ピカソはどちらかと言うと売買で稼ぐキャピタルゲインのほうが大きいかもしれない。ダ・ヴィンチはインカムゲインで、キャピタルゲインじゃない。日本のアーティストで最高額と言われる**雪舟**はインカムゲインも小さくキャピタルゲインも少ないから、マーケットでの価値が下がってしまいます。日本はこのことを真剣に考えないといけませんね。

田中　そもそも絵画について「資産」の認識が希薄な日本では、キャピタルゲインかインカムゲインのどちらで稼ぐといった発想が出てこないわけですね。

キャピタルゲイン
売買益。株式や債券などの有価証券、あるいは土地、建物、絵画、ゴルフ会員権、貴金属など保有している資産の価格が上がることで得られる収益。一般的には、価格が変動するものを安く購入し、高くなったときに売却することで利益を得る。

インカムゲイン
運用益。銀行預金や利付債券の利息、投資信託の分配金、株主投資の配当金、あるいは家賃収入など、資産を保有することで継続的に受け取ることのできる現金収入。

雪舟
せっしゅう（1420〜1502・1503年頃）、

日本人が「価値付け」できない原因

田中　日本人は資産について、その価値が何なのかを認識し、そこに価格をつけることが苦手ですね。

山本　戦後の日本では、誰かが価値を決めて――それはアメリカやフランスなのかもしれないけれど、そこに向かって消費財をつくるという社会構造になっているからでしょう。自ら価値をつくって、価格をリードしていく、評価していくという感覚が日本人には薄い。現在でも、大きな意味での美術批評が成り立っていない。それが一番の問題です。

田中　それについては安売りばかりの工業製品も十分に危ないと思いますが、サービス業やクリエイター、画家、アーティストなど、自分自身が商品となってビジネスを行う人はさらに危ない。売りものが自分自身だからこそ、安売りして

室町時代の水墨画家、禅僧。1462年に明に渡り本格的な水墨画に触れ、とりわけ宋時代の画家に興味をもち研究。雪舟が確立した日本独自の水墨画は美術史の金字塔となった。代表作は《慧可断臂図（えかだんぴず）》、《秋冬山水図》など。

しまうんです。自分自身を高く売ることができない。常に守銭奴と言われることを恐れてしまう。自分がつくった「もの」なら「素晴らしい製品です」と胸を張れますが、自分自身について「私は素晴らしい」と言いにくいんですね。だから、誰かが高い価格をつけてくれるのをじっと待ち続けるんです。でも、そんな日が訪れることはなく、安いままで終わってしまう。その点、アーティストの場合には画商が価格設定に重要な役割を果たすのではないでしょうか？

山本　僕が「この絵はいいんだ」って言うのも、なかなか日本では難しいわけです。ヨーロッパに行くとこの絵はなぜいいのかを説明するのですが、そこに批評とかジャーナリズムとか美術館とか、そういう客観的な物差しを入れて価値を価格に転化するという構造ができあがっています。けれど日本の美術館は、価値を価格に転化する話にはあまり興味を示さない。これまであまたのシンポジウムに参加してきましたが、美術館関係者は価格の話に触れようとしません。

田中　お金は自分たちが語るべきことではない、って感じですよね。

山本　だから、美術館を運営する人たちにこういう質問をしたいのです。美術館にあるコレクションの資産価値が下がることをあなたたちはどう思っていますか、と。私立は別として、国公立の美術館の大切な役割の一つが国家や自治体の歴史的価値を高めること。それが果たされないならば、国民から美術館の役割を小さく評価されることになる。美術館を運営する人たちにそこまでの想像力が働かないんです。美術界全般に「あくまで趣味と教養のためだけにある」という空気があるから、美術大学でお金の話をすると、「山本先生は不純だ」って言う人が出てくるわけです。

だからその学生さんに、「君の学費は誰が払っているんだ」って言いたい。自分で払っているんだったら僕に不純だと言ってもいい。でも、親が払っている学費でそれを言ってはいけない。あなたは将来、この学費を親に返さなきゃいけない、世話をするなり何なりして。そのためにはここで学んだ学費分だけしっかり貨幣価値に転換しないといけない。でも、誰もそんな発想にはならないんです。おそらく教育にも問題があるからでしょう。

4 いまは美術のアップデートが必要だ

日本の美術館に足りない「経営マインド」

田中　取材の関係でイタリアの**ウフィツィ美術館**と連絡をとったとき、撮影した写真や映像の使用許諾について、かなり詳細な契約を交わす必要がありました。一次利用に二次利用、それぞれいくらだと。いまや美術館も非常にビジネスライクですよね。イタリアの誇るウフィツィですが、現在の館長はドイツ人で、もともとアメリカの美術館経営に関わったことがある人物です。ウフィツィ美術館にはいい絵画が多く、かつては行列ができるほど有名な半面、マネージメントはいまいちだった。そこでアメリカの美術館の経営に携わったノウハウをもつドイツ人の彼に白羽の矢が立ったのでしょう。

ウフィツィ美術館
イタリア・フィレンツェにある国立美術館。もとは16世紀、初代トスカーナ大公コジモ1世の命で建築された合同庁舎。18世紀から美術館として一般公開。メディチ家歴代の美術コレクション、イタリア・ルネサンス絵画の名作の数々で知られる。主な所蔵品は、ダ・ヴィンチ《受胎告知》、ボッティチェリ《ヴィーナスの誕生》など。

山本　日本もすぐにでも国立や公立の美術館にそういう人を呼ばないと、このままだと本当に資産効率が悪いし、インカムゲインがまったく増えない状況が生まれてしまいます。ようやく文化庁が経済産業省と手を組んで改革の検討を始めましたが、美術館の内部は動きが遅れています。

田中　この構造はアメリカのメジャーリーグと非常に似ています。かつては経営の視点をもたないオーナーがいた結果、赤字球団が続出してしまった。「このままではまずい」と、経営のプロをチームに呼び経営マインドをチーム全体にも取り入れるようになったのです。いまはゼネラルマネージャー（ＧＭ）に野球界の外部の人を招いていますが、彼らの多くが元金融マンなんです。年俸を総額でいくらにするのか、その総額のなかで各選手にどう割り振るかなど、すべてを彼らがマネージメントしています。対して、日本のプロ野球を考えると、ゼネラルマネージャーに就くのは元プロ野球選手が多く、マネージメント意識が希薄でした。でもいまは楽天やベイスターズをはじめとして、ファンサービスなどにも力を入れるところが出てきています。このあたりの経営マインドは美術館にも必要ですね。

山本　日本の国公立の美術館に外国人の館長や**キュレーター**がいないことによって評価のグローバルスタンダード化が遅れてしまっています。現状では日本の美術の客観的評価を日本人同士でしていますが、それだけだと「海外からどう見られているか」という視点がありません。外国人の有能なキュレーターを懐に取り入れて、日本国内から評価を外に出す必要があります。全国美術商連合会は日本の美術業界に評価のシステムを確立しようと提言しています。作品一つ一つの値段だけでなく、日本の美術が世界のなかでどういう位置を占めているのかという評価をしなくてはならない。

そのときに大事なのは、評価されることを受け身で待つのか、自分たちで積極的に評価に関わるのかだと思います。近代化に遅れたアジアは評価を西洋人に任せて、僕たちは評価されることに慣れてしまった。けれど、ヨーロッパのすごいところは、評価をめぐるバトルがあること。フランス、イギリス、ドイツ、イタリアなどでは、自分たちを評価するために、外交であったり、他者を入れて美術館の館長にしたり、積極的に評価に関わっています。ところが日本は依然として外から評価される側でしかない。日本が文明化から遅れている点が、美術や芸術

キュレーター
欧米では、美術の研究、展覧会の企画・監督を行う高度な専門職のこと。フリーランスで活動するインディペンデント・キュレーターも存在。日本では、博物館や美術館などの運営全般に携わる職員、学芸員を指す。

のジャンルに表れているのです。

「お金がなければ文化は守れない」

田中　美術文化を考えたとき、美術館はその第一線にいるわけですが、実際に絵を描くアーティストや出版などのメディアはよく、「美術の文化を守る」と言いますよね。でも結局のところ、お金がないと文化は守れないと思うのです。グーテンベルクがドイツで活版印刷を発明して書物ができたから、初期の出版業者はカトリックとプロテスタントの両方から仕事を取っています。カトリック側についで免罪符を印刷する一方、プロテスタント側では反カトリックのチラシを印刷する。かなり節操なく仕事しています。お金儲けがうまくないと文化は守れないということでしょう。

これはあらゆる分野に言えることで、美術も芸術の純粋性を追い求めすぎるとお金が回らず廃れていってしまいます。山本さんのような経営マインドをもった画商がしっかりサポートするなり、一緒に戦略を立てていかないと文化は守れないですよね。

1000億円の財産の正しい残し方

山本　先日、テレビで、ZOZOの社長だった前澤さんが1000億円の財産で自分ができることの一つとして、日本の美術品を買い支え、それを後世に引き継ぐことができれば幸せだと発言されていました。いまの日本の大きな変化は、高齢化による世代交代です。そのなかで、日本の歴史的な美術品を蒐集するコレクターが減っているのが気になります。前澤さんに限らず、若いコレクターは欧米の高額な美術品には興味を示しますが、日本の美術品にはお付き合い程度のお金しか使いません。日本の美術品は欧米や中国に比べても相対的に安く、特に歴史的なものの価格は一部を除いて下がる一方です。日本の大事な資産は国から国宝や重要文化財に指定され、海外への流出を妨げられているため、海外のコレクターは購入できません。ところが、いまや日本のコレクターだけでは資産としての価格を維持できなくなっている。国も購入予算が少なく、それもまた国宝や重要文化財の価格を下げる要因になっています。

ここで前澤さんがひと肌脱いで、国宝と重要文化財をコレクションすれば大きな話題となり、将来、それらを国立の博物館や美術館に寄贈することで、後世まで彼の名前が残るのは間違いありません。このようなことは明治の**廃仏毀釈**《はいぶつきしゃく》のときにもありました。そのときは野村證券の野村徳七や三井の益田孝などの実業家が蒐集して、日本の美術品の資産価値と価格を上げました。**根津美術館**や**五島美術館**など多くのプライベートミュージアムが、今日でも日本美術の啓蒙に大きな役割を果たしているのは衆目の認めるところです。

田中　アートに投資をすべきだと言って投資して、結局、個人の蓄財で終わるのはもったいないですよね。プライベートからパブリックに転じる道がもっと拓かれればいいのですが。

山本　その意味ではもう一人、忘れてはならない人がいます。横浜の三溪園を残した**原三溪**です。彼はコレクションした美術品を一切残していないんです。彼は

廃仏毀釈
明治初期、神仏分離によって神道を推し進めるなかで、仏教を排斥し、寺社などを破壊した。

根津美術館
東京都港区にある私立美術館。根津財閥初代の根津嘉一郎の美術コレクションを引き継いだ財団法人根津美術館が1941年に開館。国宝である尾形光琳《燕子花（かきつばた）図屏風》などを所蔵する。

五島美術館
東京都世田谷区にある私立美術館。東急を創設した五島慶太の美術コレクションを保存展示するため、1960年に開館。国宝《源氏物語絵巻》などを所蔵する。

絹の組合その他のためにすべての美術品を売却してしまいました。それに三溪園も横浜市に寄贈した。つまり、原三溪と第3章で紹介した福沢諭吉と渋沢栄一は資産を残す代わりに、人と名を残している。公共性の問題を考えるうえで参考になりますね。

原三溪
はら・さんけい
（1868〜1939年）、本名は富太郎。実業家、美術コレクター、茶人。古美術品を精力的に蒐集し、優れた作品が海外に流出するのを防いだ。また同時代の優れた画家たちを支援。由緒ある古建築を移築した三溪園を横浜に作庭し、一般に公開した。

第5章

これから絶対に必要な「価値と価格」の話

1 価値の基準はどうやってつくられるのか

嘘がつけない「原価」とフィクションの「時価」

田中　近年、会計の分野でも「価値」というキーワードが頻繁に登場するようになりました。しかし、この価値とは何かということが、いまひとつ明らかになっていないように思います。

山本　会計の世界で価値に注目が集まるきっかけが何かあったのでしょうか？

田中　20年ほど前のことになりますが、わが国の会計制度に「時価会計」が入ってきたことがきっかけの一つでした。まず「原価」があり、それに対して「時価

（市場価格、マーケットプライス）」があります。たとえば茶碗で考えると、この茶碗をいくらで買ったのかが原価です。これには過去の事実が残っており、何月何日にどこからいくらで買ったのか領収書が残っている。証拠が残るということは、原価が嘘のつけない客観的な事実に基づく数字であることを意味します。５００円で買ったものは、その事実に基づいて原価５００円で記録する。これが原価という考え方です。

それに対して時価は、「買ったときにいくらだったか」という過去の原価とは関係なく、「いま売ったとしたらいくらで売れるか」というマーケットベースの評価です。この時価＝マーケットプライスは、架空の数値なわけです。実際には売ってないものを、売ったとしたらいくらで売れるかというフィクションをもとにした考え方です。考えようによっては、いいかげんな評価なんです。

山本　いいかげんな時価評価がなぜ会計制度に導入されたのですか？　導入にあたって反対意見はなかったのでしょうか？

田中　原価評価と時価評価のどちらが優れているか、これは会計界で永遠に決着がつかない議論なのです。それぞれにメリットとデメリットがある。原価評価のメリットは客観的な数字であること。一方、デメリットは購入から時間が経つとマーケットの実勢価格とかけ離れた数字になってしまうこと。このメリットとデメリットが反対になるのが時価評価です。時価評価のメリットは実勢価格を表せること。しかしデメリットとしてはフィクションになって客観性が失われる。

このようなメリットとデメリットを秤《はかり》にかけて、結局、「時価が客観的に把握できる」資産についてのみ時価評価がスタートしました。その例が上場株式です。企業が所有する有価証券としての上場株式は毎日、証券取引所で取引されており、終値というマーケットプライスが客観的に明らかだからです。

山本　では1000円で買った株式が値上がりして3000円になった場合、3000円で評価するわけですか？

田中　上場株式の時価評価というのはそういうことです。値上がりした場合、1000円の原価ではなく、3000円の時価で評価します。3月決算の会社なら、3月31日の終値をマーケットプライスとしてこれで株式を評価します。ただ、これはあくまでフィクションなんです。たとえば、どこかの大商社が持ち株すべてを売却した場合、売りものが増えればマーケットの取引価格が下がるので、売値が下がるに決まっています。時価はあくまで「いまもっている株が全株終値で売れたなら」という仮定に基づくフィクションなんです。

ちなみに原価と時価で言えば、金融業シフトの進んでいるアメリカとイギリスが時価好き、モノづくり系のドイツや日本は原価好きです。いまや金融業メインのアメリカやイギリスは固定資産評価になじむ原価より、株や証券になじむ時価評価を好みます。

株価が動いても資本金が動かないのはなぜか

山本　株式評価で言うマーケットプライスは、証券取引所というマーケットでついた価格で評価するということですね。その場合、証券取引所で取引に参加しているのは株主ですよね？　株主間の取引によってマーケットプライスつまり時価が決まる。その価格が株主にとっては重要なのはわかりますが、時価は株式を発行する会社にとっても重要なのでしょうか？

田中　はい、株主だけではなく、株式を発行する会社にとっても時価は重要です。それに関連して、「なんで株価は毎日動いているのに会社の資本金は変わらないんですか？」という質問を受けます。株価が上がったり下がったりするのに、なぜ会社の資本金は動かないのか、と。これを理解するには株式の発行市場と流通市場を分けて考えないといけません。発行市場とは最初に株を売り出したときの市場です。このとき会社に入ってきた調達金額が「資本金」になります。一方、株式が発行されたあとに、それが取引されるのが流通市場です。ここで株式がいくらで売買されようと会社がかつて調達した金額は変わりません。

山本　そうすると株価が上がっても会社のお金の量には関係ないということですね。ではなぜ、会社の経営者は株価を上げようと努力するのですか？

田中　一つには新たな資金調達を有利に行うためです。株価を上げておけば、いずれ行う新株発行の際に手にできる金額が大きくなります。時価発行増資のときに有利になるということです。それからもう一つ、株価を上げておけばM&Aを有利に行うことができます。自社株を現金の代わりに使うM&Aの場合、株価が高ければ高いほど1株が高い値打ちをもつからです。そういう意味で、新株発行やM&Aをやらない会社については、株価ってあんまり気にしなくていいわけです。

アートにおける発行市場と流通市場とは

山本　さきほどおっしゃった発行市場と流通市場ですが、アートでは発行市場をプライマリー、流通市場をセカンダリーと言います。まず画家が絵を描いて、最初に渡してお金をもらうのが発行市場。画家が画商に売ったり、顧客に売ったり、相手はともかく初めに売るのが1次市場、プライマリーです。そこで絵が売れれば画家の懐にお金が入ります。その後、最初のオーナーから次へ転売されるのが流通市場、セカンダリーです。株式市場より整備の遅れている美術業界ですが、ようやく日本ではオークション会社ができて、一般の人たちもプライマリーとセカンダリーがあることを知りはじめています。

田中　問題はセカンダリーでの取引価格が画家本人の懐に関係しないことですね。株式の流通市場の取引価格によっても会社の資本金が変わらないのとまったく同じく、絵画でもセカンダリーの取引価格が画家の懐に影響を与えない。絵画が値上がりしたらコレクターは儲かるけど、画家本人には1円も入らない。それどころか、作品は画家本人が死んだあとになって値上がりしたりする。ここは従来の枠組みにとらわれず、上昇した価値が誰に還元されるべきかを考えねばならない時期に来ていると思います。

山本　さまざまな国でオークション価格の数%を画家に渡すという案が検討されています。セカンダリーの取引価格の一部を画家に還元する仕組みです。

田中　それは訴求権と呼ばれるものですね。新たな著作権保護システムで、値上がりの一部を利益配当的に画家本人に還元する仕組みです。ただ、これは一部の国で導入されてもあまり意味がありません。その国を避けて、ほかの国で絵画を売買すれば適用を逃れられるからです。こうした仕組みこそグローバルスタンダードとして一斉に導入しないといけません。ただ、それは難しいでしょうね。

山本　アートを金融商品として捉える人が多くなると当然、セカンダリーが増えます。最近はアーティストと付き合わないセカンダリーのギャラリーが増えています。

ここには問題もあります。たとえば、僕がAさんに300万円で絵を売ったとします。40年後に売るとその絵が6億円になる場合もあるけど、反対に価値が下がり0円になる場合もある。0円になったときに、300万円で売ったギャラリーに責任があるとか、それをつくったアーティストに責任があるとかということにはなりません。だから、そこをどう考えるかなんです。絵画が値下がりしたとき、誰が責任を取るのか。この点について会社はどうなんでしょう？

田中　出資についての責任ですね。株式の場合には、自分の出資した金額が0になったところで株主の責任はストップです。もし仮に会社がヘマや悪事をやったせいで大損害が出たとしましょう。ここで株主にまで責任が問えるとなると、取引先や銀行は株主のところに押しかけるでしょう。会社の損害について、株主のお前が責任を取れと。しかしこんなことが起こるとしたら、怖くて誰も株を買えません。そこで株式会社制度では、「株主の損害は出資金額を上限とする」という決まりが定められました。これが株主の有限責任、リミテッドです。

19世紀に銀行の破綻でとんでもない事件が起こっています。1878年、スコットランドのシティ・オブ・グラスゴー銀行が経営破綻したとき、債権者が株主のところに実際に押し寄せたのです。このとき株主の多くが破産に追い込まれました。さすがにこれはまずいだろうということで、これをきっかけに株主有限責任や監査チェックの仕組みができあがっていったんです。

山本　その銀行は無限責任だったのですか？

田中　そうです、無限責任だったのです。だから債権者たちは株主に自らの損失をすべて請求できたのです。この点、美術品の価値は0で止まりますよね。マイナスはありえない。でも、会社の場合はマイナスがありうるんですよ。無限責任だとそのマイナスが株主のもとにまで請求されてしまう。

この点、美術品は価値が落ちても0でおしまいです。だから購入者にとって、購入金額が損失の上限になるわけです。この値下がりについての責任は当然、購入者本人にあります。それはアーティストでも画商でもなく、購入した者の自己責任です。ただし画商が贋作《がんさく》と知って売りつけていたら、責任は免れません。そんなことをしない山本さんは大丈夫ですから、安心してください（笑）。

アートの評価システムはどうなっているのか

田中　ここまでの話は、資産の値上がり・値下がりといったかたちで表れる価値の変動について、それが誰に帰属するかという話でした。もう一つ話を遡ろうと思うのですが、美術品の場合、時価はどうやって計算するのでしょうか？

山本　いま、美術品の時価評価システムをつくろうとする動きが起こっています。なぜ評価システムが必要なのかと言うと、相続のときに時価で評価する必要があるからです。いまの日本には評価機構がない。最終的にはオークション会社へ行って、見積もり金額を査定してもらうのが唯一の評価になっている状況です。数年前から全国美術商連合会が評価機構の問題を取り上げています。

田中　その評価の話は不動産鑑定に似ていますよね。不動産も価値がわからないので鑑定士という資格をつくり、協会をつくって、彼らに評価してもらっています。

山本　そうそう、不動産の鑑定に準じています。そのためには何が必要になるのか。たとえば、不動産には路線価格があり、国税庁が認めている評価基準がある。アートにも路線価格のような仕組みがありうるのかとみんなで考えている最中です。

こうした公的評価とは別に、いままでは目利きが評価していた美術品について、一般の人が自分たちの好みで価格をつける動きもある。大衆社会のマーケティング理論に基づく評価ですね。一般庶民はどういうことをやれば興奮するのだろうということをマーケティングして価格をつくる動きです。

田中　これまではテレビ局が電波を握って動画を放送していましたが、それが大衆化して、YouTubeになるなど、一部のマスメディアがコンテンツを支配していた時代から、個々人が情報発信できる時代になってきた。そういう流れの一つということでしょうか？

山本　オンライン、インターネットの場合は、売り手と買い手が直接つながるために、どうしてもサイトを信用しがちになりますよね。たとえば**東京ガールズコレクション**の場合、女の子たちを興奮させるのが購入を促進するための仕掛けです。いまや彼女たちは、東京ガールズコレクションを一種のブランドとして見ています。最近、アマゾンで偽物が売られているのが問題となりましたが、やはり消費者がアマゾンを信用した結果として起こったわけです。どちらも量産される消費財なので交換できますが、資産財である美術品はそれが難しい。先日、友人

東京ガールズコレクション
「日本のリアルクローズを世界へ」をテーマに、２００５年以降、年２回開催されているファッションイベント。若年層の女性を対象にした既製服の小売販売会とファッションショー、ライブにより構成される。

から電話があり、ネットオークションに出品されている**李禹煥**の作品が安いので入札したいけれど、念のため見てほしいと頼まれました。明らかに偽物だったのでやめるようアドバイスしましたが、一般の人には真贋を判断できません。美術品を購入する人たちが、さまざまな仕掛けに惑わされることなくマーケットに参入できるためのインフラをつくらねばなりません。その一環として公的な評価機構が不可欠なのです。

田中　そのあたりの事情は欧米ではどうなっているのでしょう？　信用できる公的な評価機構は存在するのですか？

山本　欧米ではまず、美術品を資産財として扱っている国が多いと思います。税金においても西欧では付加価値税の対象になっていて、消費税はつけていません。アメリカは消費税を州によってつけているところがあるらしい。評価機構はオークション会社がその役割を果たしています。サザビーズやクリスティーズといったオークションハウスの発祥の地はイギリスです。美術品を投資の対象として扱っているのはイギリスが多いので、評価システムも発達しています。

李禹煥
リ・ウーファン（1936年〜）、日本を拠点に活動する韓国の美術家。「もの派」の中心人物として活動。「もの派」とは木や石などの自然素材、鉄やガラスなどのニュートラルな素材を未加工のまま提示し、自由に「もの」との関係性を探る試み。2010年、香川県の直島（なおしま）に建築家の安藤忠雄とのコラボレーションによる李禹煥美術館が開館。

田中　価値評価ではイギリスって面白い国です。私も若いときに驚いたのですが、イギリスは建物を減価償却しないことがあるんです。取得原価を数年に分けて費用計上する減価償却の背景には、「年月が経つごとに劣化して価値が下がる」という前提がありますが、イギリスの場合は建物なども減価償却しないで、反対に増やすことがあるのです。「時間が経って徐々に味が出てきた」みたいなことを平気で言う（笑）。イギリスは石造り文化の国だから、たしかに時間とともに価値が増えることがあるのでしょう。これは木造建築に住むわれわれにはわからない文化ですよね。ともかく、それほど歴史があり、価値に敏感なイギリスには資産評価の考え方やマーケット、そして評価機構がしっかり存在するということですね。

2 価値を生むのにもっとも大切な「個人の力」

個人が自立して初めて価値は生まれる

田中　資産の「価値」に関係して、それと「価格」との違いがよく問題になります。この二つの違いは何でしょうか？

山本　価値や価格を考えるうえでまず前提の話をしたいと思います。もともとこの世界には価値も価格もありません。近代社会で唯一、前提となるのが「個人が自立した存在であること」で、1票の選挙権が基本になっています。僕たちの表現は選挙の1票しかない。だから、その1票をないものにしたら、この社会は成り立ちません。近代以前は神がすべてを決めるので個人という考え方はなかった。僕たちは神から自律して個人になったから、その個人を査定しないといけません。だから、この個を認めることが最低限のルールなのです。

個人の自立が前提となって、価値や価格の議論が始まります。近代社会では自立している個人が価値をつくり、それを他人も必要とすれば価格が生まれるのです。自分がつくったものを他人が認めないと、価値や価格にはならない。だから価値や価格は「社会関係」であると言えます。

田中　他人との取引によって決まる「価格」が社会関係のなかで決まることはわかりますが、「価値」は自分のなかで増殖するイメージをもっていました。でもたしかに、自分の内側で行う価値増殖も社会と関係なく行われるわけではありません。共通の文明の上に乗って、固有の文化を踏まえて行われます。私の文筆仕事にしても、画家の絵画制作にしてもそう、ビジネスパーソンのすべての活動もそうです。その意味では価値の増殖活動も価格付けも、社会活動の一環なんですね。

会計の「価額」という考え方とは何か

田中　私が会計の世界に入って戸惑った言葉に、「価額」があります。これは会計原則にも出てくる言葉なのですが、「価格」とは違うんです。初心者の頃、この価格と価額の違いがわからなくて困りました。テキストにもあまり説明がないし、先生に聞いても明確に答えてくれない。とりあえず「区別が難しいんだ」ということだけは明確にわかりました（笑）。

まず、外部との関わりのなかでついたのが「価格」です。これを使うときには必ず、外部の第三者との取引が存在します。こちらはわかりやすいですね。これに対してわかりにくいのが「価額」です。これは自分の内側で決まる金額です。たとえば機械を減価償却するとして、定率法と定額法のどちらで償却するかによって減価償却額が変わり、結果として機械の資産金額が違ってきます。同じ資産でも会計処理によって結果として資産の金額が変わる、このように「自分の選択によって金額が変わる」ときは「価額」を用います。つまり「機械の価額」と言った場合には、第三者との取引金額ではなく、会計処理の結果として出てきた金額ということです。

山本　なるほど、価値と価格の関係が、会計では価額と価格になるのですね。この考え方はアートもまったく同じです。たとえば、ある個人が自分は絵を描きたいと思うとします。すると、その絵を描いているという行為自体は価格でも価値でもない。ただ、社会的に絵を描くという行為が表現手段に加えられているから絵を描くわけです。絵を描くことは本人にとって価値があるので、対社会的な関係がなくても絵を描くことは続けている。その描かれたものを第三者として価格をつけるのが僕たちギャラリーの仕事です。だから、僕たちは価値を価格に変える仕事をしているわけです。

田中　調べたところ、会計で使われる「価額」はValueの翻訳でした。だから会計で言う「価額と価格」は、美術品で言う「価値と価格」と同じなんです。価値を価格に転換させるのが難しいところもまったく同じですね。製造業が機械や車両を買って「製品の価値をつくる」ことまではできても、その製品を高い価格で顧客に売ることはとても難しい。画家もメーカーの人も、当の本人は言うわけです。「どれだけ苦労してつくったと思っているんだ」と。あるいは「自分のノウハウをつぎ込んで、寝る間も惜しんでつくったのだからこの値段で買え」と。本人にとってはその通りなのですが、でもそれを他人が認めるとは限りません。アウトプットの価値を認めてもらえない限り、そこまでの努力は自己満足になってしまいます。

山本　美術教育で言えば、欠けているのは価値が価格に変わるのはどういうことなのかを理解する知性です。絵を描くことは美術大学で教えるけれど、価値が価格に変わらないと社会的な意味をもたないことは、誰も教えていません。

田中　それはビジネスパーソンでも意外に学んでいないですよ。自分が扱う商品やサービスに対して「なんでこれが売れないんだ」と不満をもち、それを不況のせいにしてしまったりする。自分はそれをすごい価値だと思っているかもしれないけど、同じものをつくっているライバルはたくさんいる。それにあなたは高く売る努力をしていない。高く売るためにはそれに向けた努力をすべきだ。私は実際にビジネスセミナーでそういうことを話しています。アーティストもビジネスパーソンもまったく同じだということですね。

価格から価値を逆算したポップアーティスト

山本　第二次世界大戦後、世界が消費社会に突入すると、価格から価額を考えるアーティストたちが現れました。それがポップアートです。彼らは価格から価値を逆算して考えるマーケティング的手法をアートに取り入れました。そうすると内容が大衆に理解されやすい表現となるわけです。たとえば**村上隆**さんもその一人です。彼が書いた『芸術起業論』（幻冬舎）はまさに、ビジネスとしてアートの仕事を捉え、絵をどうやったら売れる商品にできるかを徹底的に書いた本です。マーケットがさきにあることから、大衆が誰でも知っている素材を自分の作品のコンテクストに引用しました。たとえば、アニメや漫画、それから彼が描いた羅《ら》漢図《かんず》です。すでにあるものをアートに昇華させることで、彼の作品は爆発的に高い価格がつきました。

村上隆
むらかみ・たかし（1962年～）、美術家。日本美術古来の平面性とアニメや漫画など現代の日本文化を接続させた「スーパーフラット」を提言。オタク的な美意識を導入したポップアート作品を多く手がけ、ブランドなど大手企業とのコラボレーションも多い。

田中　すでに表現が出し尽くされてしまったなかで、どうやってみんなが欲しがるものをつくるかということ考える、つまり過去の再編集をしたわけですね。

山本　そうです。それを最初にやったのが、アンディ・ウォーホルらのポップアーティストたちです。マリリン・モンローやエルヴィス・プレスリー、そしてビートルズを作品化しました。すでにあらゆるものがあって、それをアートのなかに落とし込むことを考えたから価値が生まれ、それが高価格になったのです。

もう一つの方向があって、それが美術史から学ぶ方向です。マーケティングではありません。マーケティングの手法はその時代の環境や社会状況を踏まえることですが、美術史から学ぶとは、歴史の文脈に則って誰もやったことがないチャレンジをすることとです。たぶんこれは資本主義の根幹に関わることだと思います。

ダ・ヴィンチや**ミケランジェロ**が死んだあと、地中海を中心とする経済が停滞して、100年近く、金利がゼロになりました。そのときに起こったのが、バロックとかロココなどの**マニエリスム**です。アートは装飾と引用が続きました。一方、経済面でも新しい資本主義が起こるまで時間がかかった。やっと17世紀のオラン

ミケランジェロ
ミケランジェロ・ブオナローティ（1475〜1564年）、イタリアのルネサンス期の画家、彫刻家。美術全般のさまざまな分野に影響を与えた人物であり、西洋美術史上、もっとも優れた芸術家の一人。彫刻では《ピエタ》《ダビデ像》、絵画では《システィーナ礼拝堂天井画》《最後の審判》が有名。

マニエリスム
16世紀中頃から末、イタリアを中心とする全ヨーロッパに見られる美術様式。イタリア語の「洗練された手法（maniera）」に由来。高度な技巧の作品は、非現実的な人体比率、不自然な色調や遠近法など、

ダで火がついて、新しい価値観が生まれます。一般の農民を描いたり、王様の発注ではありえない絵画が生まれてきたのもこの頃です。それはいままでにない世界であり、価値観だったのです。

「客観的な価値」は存在しない

田中　ここであらためて価値について考えたいと思います。たとえばプロ野球でＭＶＰ（Most Valuable Player）選手を選びますが、このＭＶＰの「Ｖ」がValuableです。もっとも価値の高い、つまりValuableな選手をどうやって選ぶかと言えば、記者の投票によって決めるわけです。これは、一見すると客観的な評価に思えますが、よく考えれば投票する記者の主観です。当然そこには投票者の好き嫌いが反映されてしまう。では価値ある選手を数値で選べるかと言ったらそれもできない。このことからわかるように、価値を数値化したり客観評価するのはとても難しいということです。

作為的な誇張と歪曲による美の表現が特徴。代表的画家にヴァザーリ、アルチンボルド、エル・グレコなど。

そしてもう一つ、近年「企業価値」という言葉がさかんに使われます。この企業価値は必ずしも正確に定義されていないのですが、一つだけ明らかなのは「将来」を含んで使われていることです。会社のM&Aの場合で言えば、会社そのものに値段をつけないといけません。このときにつけられる企業価値の値段は、「その会社が将来いくら稼ぐか」を見積もることによって計算されます。過去の業績や現在の決算書は関係ありません。企業価値は「将来いくら稼ぐか」の見積もり計算です。見積もりだから、そこには主観が入ることを避けられません。

当然ですが、売る側は自分の価値を高めに想定するし、買う側は安めに想定します。お互いの想定する価値と価値がぶつかり合い、交渉力の結果として決まるのが「価格」です。売り手と買い手の主張する価値が違うというのは、絵画でもほかの資産でも同じだと思います。

山本　美術の近現代史には、もともとないものを評価によって価値をつくっていくという世界観があります。そのときに、評価の基準になるのは何かという話になるのですが、基準として作品の価格とか、アーティストの思想とか、それから美術史とかが勘案されます。そういうものを考慮に入れて、たとえば**宮澤男爵**さ

宮澤男爵
みやざわ・だんしゃく（1981年〜）、美術家。2004年、「トーキョーワンダーウォール公募2004」入選。主に鉛筆で描かれるいくつもの細かい線や丸、あるいは水彩を用い、色のにじんだ不定形な人物で、現代人の抱える不安感や心のうつろいを表現。

んの絵をお客様にすすめます。そのときに、「いままで美術史のなかでこういうことが起こったけど、宮澤さんの絵は、この時代にしかない新しい考え方を象徴している」とお客様に説明します。するとお客様は「そうか、山本がそう言うんだったら買おう」ということになるのですが、僕は宮澤さんの絵が10年後に10倍の価格になるかどうかは保証できないわけです。でも画廊側とすれば、この作家には将来性が見込める価値があるんだと説明しながら、同時に価値を上げる営業努力をしているのです。

田中　やっぱり営業努力をするわけですね。企業価値を上げるにもさまざまな努力が必要です。しっかりとしたガバナンス体制をつくるとか、**ディスクロージャー**を行うとか。あるいはウェブサイトに掲載する社長の写真を写りのいいものに変えるとか(笑)。企業価値が将来への予測といった主観的な要素を含むからこそ、投資家には主観的なファンになってもらうことが必要です。これこそが企業価値を上げる営業努力なんです。

山本　画廊で言えば評論家に作品や作家の批評を書いてもらうとか、公の美術館

ディスクロージャー
情報公開のこと。主に、企業が投資家や取引先に経営内容などの情報を公開すること、会計で言えば決算書などの情報を国民が自由に知ることができるように公開することを指す。

の展覧会に選んでもらうとか、購入してもらうなど、そういったことを積み重ねていきます。さらに、その作家を海外のマーケットに紹介するなどの営業活動によって初めて価値と価格が付き、向上するのです。

田中　それは現代の画商に共通した仕事なんですね。これは画商だけでなく、すべてのビジネスパーソンにとっても重要なことだと思います。価値は主観的だからこそ、客観的になるまでそれを向上させる努力が必要なのでしょう。

3 イノベーションにつながる価値創造

新たな価値を生み出す「利休の発想」

山本　価値転換をした例としては、侘び茶を完成させた利休が有名です。そもそも利休の役割は、信長や秀吉の文明的政策を文化的に実現したことです。利休が長次郎に**黒楽茶碗**《くろらく》をつくらせたのは、黒い陶器が世界にないことを知っていたからだと思います。朝鮮半島に行っても、中国大陸に行っても、人類がずっと夢見てきたのは真っ白なものをつくることでした。純粋に白いものをつくれば、その上に絵付けもできるし、白いキャンバスと一緒で表現のためのインフラにもなる。そのところが黒は、つくったあと何もしようがない。利休は初めて、この世の中にないものをつくろうとした。これは日本の文化です。秀吉は利休を使って信長の名物狩りをさらに推し進め、道具をブランド化しました。

田中　村上隆さんと秀吉は同じ発想だったということですね。どちらの発想にしても、その背景に大衆がいた。

山本　そうです、利休より秀吉的な発想です。権威を壊して大衆社会の入り口をつくったのが信長で、大衆を背景に経済を考えたのが秀吉です。僕はいつも黒楽茶碗に一番近いものは何かって考えているんだけど、いまのところは**関根伸夫**の「位相―大地」だと思っています。

黒楽茶碗
千利休の創意で、京都の陶工、樂家・初代の長次郎がつくりはじめた楽茶碗の一つ。茶の湯のための茶碗であり、釉薬の色が黒く現れることからこう称される。手とへらを使ってつくられる茶碗は、轆轤(ろくろ)でつくられる端正な茶碗にはない侘びた風情がある。

関根伸夫
せきね・のぶお
(1942〜2019年)、美術家。日本発の現代美術ムーブメント「もの派」を代表する作家として彫刻やモニュメントなどを手がけた。1973年、公共空間と人間をアートの総体として捉える発想が薄かった日本で、環境美術研価値の転換という意味で千利休のさらに重要な点は、中国一辺倒だった価値観を和に置き換えたことです。室町時代までは何と言ってもお手本は中国。江戸時代の初期までは朝鮮の陶磁器のほうが日本の陶磁器より上でした。その後、秀吉が連れてきた朝鮮の陶工たちによって、われわれは白磁などの磁器をつくる技術を得ました。その結果、中国や朝鮮に並ぶ国焼きが生まれた。

田中　価値の転換、それはイノベーションと呼んでもいいと思いますが、それは人為的に起こせるのか、それとも偶然起こることを待たねばならないのか、考えてしまいます。ただ朝鮮の陶工によって白磁が誕生した話を聞くと、イノベーションには外国をはじめ異文化からの刺激が必須のようですね。

山本　たとえばヨーロッパでは、**ルーチョ・フォンタナ**がキャンバスをカットした作品をつくりました。それまでの美術史ではありえないことなんです。初めて見たときはびっくりしました。価値の転換は美術史上ではいくつか起こるわけです。ダ・ヴィンチだと肖像画をサイエンスの目で描いている。しかも描いた風景

究所を設立。代表作に《位相－大地》、《空相－スポンジ》、《空相－油土》など。

ルーチョ・フォンタナ（1899～1968年）、美術家。アルゼンチンとイタリアを拠点に従来の絵画や彫刻の枠を超えた作品を制作した。戦後、「空間主義」を宣言。キャンバスに穴を開け、切り込みを入れ、空間と時間の統合を表現した作品で知られる。代表作は《空間概念》シリーズ。

が大きな自然の山です。その風景はそれまでの絵画にあまりない。だから《サルバトール・ムンディ》の背景が画面を洗ったときに現れて、ダ・ヴィンチ作の可能性が高まりました。サイエンスの目とは、写真機を使わずに写真を実現させた絵画手法です。これはそれまでの美術史上、誰も試みた人はいません。

ジョブズはどうやってiPhoneをつくったのか

山本　絵というのは近代になるまではイラストレーションでした。ところが19世紀に写真ができたので、そのイラストレーションの役割を写真が果たすことになり、絵はそこから自律した。たとえば、資生堂のポスターは当初、画家が描き、デザインは画家と経営者が共同でつくっていた。ところが写真が出てくると、化粧品の実物はイラストレーションより写真のほうが正確に伝わる。それで写真が使われるようになって、グラフィックデザイナーやフォトグラファー、コピーライターなど分業が進み、ライトパブリシティという日本最初のデザイン会社ができたんです。次に、媒体である新聞広告にそれらを取りまとめる電通ができた。電通はメディアを押さえ、いまに至っています。
すでに絵画はイラストレーションの役割を終えました。でも僕が見ている限り、日本のアートはまだまだイラストレーション的です。つまり自律していないんです。だから公募展を見ても、かなりの数の作品がイラストレーション傾向から抜け出せていない。

田中　説明を付加する挿絵であるイラストレーションから抜け出して、絵画独自の思想をもちえていないということですね。

山本　すでにあるものを解説しているのがイラストレーションです。別の言い方をすると、「あ、これはほかの人がやってるな」というものはみんなイラストレーションですよ。たとえ似ていても、1ミリメートルでも先に進んでいればいいのです。

田中　ビジネスのイノベーションで言えば、誰かがすでにやっているものは既存事業、誰もやったことがないのがイノベーションだとして、イノベーションを起こすためにはすべてをゼロからつくり出す必要はないということですね。すべてをゼロからつくらなくても、これまであった既存事業のどこかに新しいニュアンスを入れるとか、何かと何かを組み合わせて新しいものをつくるとか、そんなことも創造だというわけですね。

山本　たとえばスティーブ・ジョブズは明らかに創造をしている。アートは第二次世界大戦後、アメリカでポップアートが生まれ、世界を席巻《せっけん》し、１９７０年代には表現の多様な装飾性を求めるよりは、少なくしようとするミニマルアートが生まれた。そしてそれが、感覚より理性を重要視したコンセプチュアルアートにつながるわけですが、ジョブズはその頃、青春真っ盛りの時期。彼の思想にも余計な装飾を捨てる「引き算の文化」が現れています。

田中　日本のメーカーがテレビのリモコンにボタンを増やすことばかりしている時期に、iPhone は不必要なボタンをすべてなくした。もはやディスプレーだけですからね。ジョブズは禅を学ぶことで東洋の思想を学び、**枯山水**の発想で iPhone をつくった。

枯山水
日本庭園の様式の一つ。水を一切用いることなく、石や砂の組み合わせや地形の高低、あるいは砂の上に描いた模様（砂紋）で自然の風景（山水）を表現。南北朝時代の臨済宗の僧、夢窓疎石（むそうそせき）は禅の宗教観を表すものとして作庭を数々手がけた。

山本　つまり、足し算より引き算のほうが大変だってことでしょう。日本の文化には引き算という概念があって、絵でも、描かずに余白を残す引き算に近い発想がある。けれど、それを日常的な機械に取り入れたのはアメリカ人のジョブズだった。僕個人としては、究極の美はたくさんの装飾を尽くしてもシンプルに見えるものだと思っています。

それに対してイラストレーション的なもので言えば、たとえばユニクロです。「何と何でできているか」を誰でも知っている。「何と何の組み合わせでできているか」を簡単に説明できるものは、アートではなくデザインです。

安さで勝負しても「価格破壊」しか起こらない

田中　ここまで、説明できないものができた瞬間に新しい価値が生まれるという話を伺いました。絵でもビジネスでも「説明できる」行為というのは、最小のインプットで最大の結果を得たいという、いわゆる効率重視の思考に基づきます。誰でも真似できる手っ取り早い方法があるから、それを教えてあげよう、と。「すぐわかる」とか「〇時間でマスターできる」と謳っている最近のビジネス書はそればかりです。最小の努力で最大の結果を求めすぎて、価値の転換を図ろうとしない。そこで何が起こるかと言うと価格破壊です。つまり早さの次は安さでしか勝負ができなくなってしまう。絵の場合はどうなのでしょう？　いままでの価値観に沿って絵を描いて、たとえば「印象派」と謳ったほうが売れるとかいうことはないんですか？

山本　いま印象派と謳って絵を描いても価値は低く、価格は下がっても上がることはありませんよ。

田中　やっぱりそこは実用が重視される工業製品や生活に必要な食品と違うのですね。たとえば自動掃除機だと、アメリカの会社が先駆者的な製品をつくったあとで、日本の有名製造業の会社がそれを丸パクリして堂々と売るじゃないですか。少し機能を増やして、少し安い価格にして。それでも売れています。でも生活から遠いアートの世界でそれはありえないわけですね。う〜ん、やっぱり日本の製造業はアートを学んだほうがよさそうだ（笑）。

山本　現在、世界のアートマーケットの規模は売上高が6兆7500億円しかありません。この程度の規模だと、美術品の価値がどんと下がることはまず考えられない。これが35兆円とか、70兆円くらいまで膨らんだ先はどうなるのか。

いまのところ美術マーケットは、トヨタ自動車の売上高から比べると少ない。トヨタ自動車の元社長の奥田碩《ひろし》さんがかつて、「売上高が世界1位になったときにトヨタは終わる」と言っていました。案の定、トヨタはいま大変じゃないですか。グーグルが自動車業界に参入して、モーターの車がつくられるとエンジンが要らなくなる。それにコロナショックの影響か、米テスラが時価総額でトヨタを上回った。ではトヨタはこの先どうするのか。すでに次の手を打っていると思うんですよ。だからそのときに自動車産業の価値の転換が起こると思う。

しかし、アートマーケットは6兆7500億円と小規模だから、村上隆さんの絵の価格はしばらくは落ちない。ただ価値の転換がどんと起こったときに村上さんはそれによっていなくなるのか、あるいはダ・ヴィンチのように残るのかって

東京都現代美術館
東京都江東区・木場公園にある現代美術専門の公立美術館。台東区・上野公園の東京都美術館が蒐集してきた現代美術コレクションを中心に、日本の戦後美術を概観するコレクションを収蔵する。1995年開館。

オノサト・トシノブ
（1912〜1986年）、画家。本名、小野里利信。シベリア抑留を経て復員後、1950年代から錯視的な空間構成の作品に着手。幾何学的な形体をさまざまな色彩で表し、日本の抽象絵画の草分け的存在となった。代表作に《二つの丸》、《相似》など。

いう話です。

40歳で価値を創造したアーティストは天才である

山本　日本のアートにはイラストレーションと別に工芸の問題があります。だいたい35～40歳を過ぎると日本のアーティストの多くが工芸的になる傾向がありま す。その年頃からいわゆる新しい表現の能力が衰え、完成度を求めてきれいにつくろうとする。先日、**東京都現代美術館**で**オノサト・トシノブ**の作品を見ましたが、37～38歳を超えると、だんだん作品がきれいになる。きれいになり、工芸化していくと、買いやすくなるけど僕には魅力が感じられなくなる。すると、そのとき展覧会を開催していた**ダムタイプ**の**古橋悌二**は35歳で亡くなっているから作品のエッジが立っている。**岸田劉生**も38歳で亡くなるけど、35～36歳までの油彩画は面白い。晩年の水墨画はつまらない。だから35～36歳くらいは、大きな飛躍ができるかどうか重要な年齢だと僕は思いました。どのアーティストも20代にとんでもないことをやる可能性はあるのですが、40歳でもう1回とんでもないこと

ダムタイプ
1984年、京都市立芸術大学の学生を中心に結成したメディア・アーティストグループ。京都を拠点に国内外で活躍。演劇、ダンス、映像、美術、音楽、デザイン、建築など異なる領域で独自の活動を展開するメンバーが、作品ごとに共同制作を行う。

古橋悌二
ふるはし・ていじ
（1960～1995年）、初期ダムタイプの中心的メンバー。HIV感染による敗血症で死去する前年、ジェンダー、セクシュアリティ、国籍、人種差別など現代社会の諸問題をテーマにした『S/N』に構想・演出、パフォーマーとして参加。最後の作品となった。

ができる人が天才なんです。たとえば、いまや爆発的な人気になった「**具体**」の**白髪一雄**は34～35歳で足で描くフットペインティングを考えた。彼はフットペインティング以後もいろんなことをやるのですが、でも結局、足へ戻っていった。

田中　芸術家は「個人」で活動するものです。美術家は自分の目で見て感じたことに対して筆をもって描くので、寿命が短いはずです。老眼になって白内障になったら見にくいし、手が震えだすと筆がもちにくい。それに対して音楽家は後年になってもいい曲を書けます。五線譜さえ書ければ、自分が楽器を演奏できなくなってもみんなが演奏してくれる。音楽は分業体制が成り立っていて、世代を超えながら演奏していくから、作曲家としては仕事がしやすいですよね。その点、画家はちょっと不利だなと思います。いつまで自分の筆でどれだけ描けるかが勝負だし、晩年も身体的な丈夫さや心の安定を保ち続けねばなりません。

山本　美術ではその問題をどう乗り越えていくかと言うと、表現の内容を変えるわけです。若いときはものすごく細密で技術的なものを描いたとしても、それを一生涯やるっていうのは、芸術家として無理がある。だから晩年になっても描け

岸田劉生
きしだ・りゅうせい（1891～1929年）、洋画家。父・吟香（ぎんこう）は新聞記者を経て実業家として活躍した明治の文化人。黒田清輝に師事して油彩画を学び、38年の生涯に次々と画風を変え求道的に絵画に取り組んだ。娘をモデルにした数々の《麗子像》で知られる。

具体
1954年、画家・吉原治良（よしはらじろう）を中心に結成された前衛アート集団「具体美術協会」の表現活動。近代絵画から断絶された、実験的な表現を模索した。現在では当たり前に行われるパフォーマンスやハプニング、イ

る表現にシフトするんです。

田中　そんなふうにシフトし続けたのは、たとえば誰ですか？

山本　何段階も変えていったのがピカソです。こんな人はめったにいません。もちろんかなりの技術をもっているけれど、技術をなるべく捨てていくような絵を描いていく。晩年の絵なんか、もう技術がどうなったのか一般の人にはわからないけど、僕たちから見ると、雑に描いているんだけどすごくうまいです。その雑に描いているように見えるけどうまいという絵を描けることが、芸術家としては最高ですよね。

田中　要するにピカソは価値を転換し続けたわけですね。

山本　そうです。だからピカソほど資本主義を体現した画家はほかにいません。

ンスタレーションの先駆として認められる。

白髪一雄
しらが・かずお
（１９２４〜２００８年）、画家。「具体美術協会」の中心的メンバーとして戦後日本の前衛芸術を牽引。天井からロープで吊られ、足を絵筆代わりに描く手法が特に知られる。天台宗僧侶となった１９７０年代には、密教に影響を受けた作品も手がけた。

戦争のない時代にどうやって価値を生み出すか

山本　日本も世界も、これだけ貨幣が溢れてしまうとかえって投資が停滞して革新的なことが起こりにくくなっていますね。明治維新は異なる文明に侵略される危機感があって起こったわけでしょう。現代の世界では環境問題が最大の危機だと思いますが、あまり切実には感じられていません。

田中　環境問題もさることながら、ＡＩ（人工知能）のほうにより危機を感じているのではないでしょうか。

山本　でも環境問題をクリアするためにＡＩは必要不可欠でしょう。余るのを避けるために、最近コンビニエンスストアがショートケーキの販売を予約制にしたのもその一環ですよね。だから合理性を徹底していくと、ＡＩが今年は4万個しかショートケーキは要らないと計算すれば、自然に対して優しくなるわけでしょう。だから人工知能は人類にとって必要不可欠。

環境の次に問題となるのが核の問題ですよね。核のコントロールを一人の人間に任せていいのか。金正恩《キムジョンウン》が勝手にボタンを押していいのか。あるいはドナルド・トランプが勝手にボタンを押していいのか。核が世界全体を一瞬で滅ぼす時代になった。そのうちお互いにＡＩで、いま核のボタンを押すのは合理的か非合理かを計算して、「やっぱり押すのをやめる」となることに期待したい。だって地球が滅んだら、合理も非合理もないもの。だからＡＩの役割はものすごく大事で、恐れると言うより、もはやＡＩ化以外に人類の進むべき道はないと僕は思っている。そもそも環境破壊をしているのはわれわれ人類だから、ＡＩが問題を解決するのではないのですが。

ＡＩの発達はますます加速されますが、科学のコントロールにおいて、道徳の役割が見直されなくてはなりません。大きな問題は宗教なき道徳です。でも宗教の役割は終焉《しゅうえん》を迎えていますけど、依然として私たちは宗教的な慣習に従っている。神が不在となっても、神がいる振る舞いのなかで培われた道徳はまだ生きている。誰でも神様がいないとうすうす感じているけど、正月に神社にお参りするとか、そういう慣行が道徳の基盤なのです。

田中　第3章の渋沢栄一のところで出た『論語と算盤』、利益追求と道徳心の両立に近い話ですね。ただ道徳心がもはや宗教を基盤にできないと。

山本　サイエンスは世界共通の文明ですが、文明を制御するのは文化である道徳です。そうすると、社会はより合理的に進行するならば、アートは逆のほうに行かざるをえない。なるべく非合理で、豊潤なものが喜ばれるかもしれない。工業製品の正反対のほうに、できるだけ実用性のないものにアートは行くような気がする。

田中　コロナショックが発生して以来、「不要不急」という言葉がよく使われますが、実はその不要不急の典型がアートだと思うのです。そして私もセミナーなどで不要不急をつくろうと話していました。なぜなら非合理で豊潤な嗜好品こそが高価格を実現できるからです。実用的な生活必需品の世界に入ってしまっては価格破壊に巻き込まれてしまう。しかしそんな高価格を目指す方向性について、今回のコロナショックで急ブレーキがかけられてしまいました。この先どうなるのかわかりませんが、長期的には「実用性のないアート」への流れは止まらないように思います。

4 これからの「日本人の勝算」を考えよう

弥生の文化を引き継ぐ「日本人性」

田中　私は事務所でバング&オルフセンというデンマーク製のオーディオを使っているのですが、このオーディオはフルセットで100万円を超える、かなり高価なものです。付属のリモコンだけで6万円。この金額を見たとき思わず仰《の》け反《ぞ》りました。国内メーカーなら6万円出せばフルセット買えます。リモコンだけで6万円とは、これ以上の不要不急はありません（笑）。その実物はどうかと言えば、機能を絞ってボタンを少なくし、何よりかっこいい。そして最大のポイントは鉄製で重く、手でもつとズシッとくるんです。日本のリモコンはコスト削減でどんどん軽量化の方向ですが、このメーカーは真逆を行っている。でも経験してわかりましたが、重いものをもつとその瞬間に高級な印象を抱くんです。これには「やられた」と思いました。世界の高級品はすべて、ボタンなどを削る方向に向かっていますが、日本だけがボタンや機能を増やす方向に進んでいる。デザイン性よりとにかく機能とボタンを増やしている。それは芸術的に見てどんな解釈ができますか？

山本　たぶんボタンを少なくする合理性とリモコンを重くする非合理性のバランスに日本人がまだ気づいていない。日本人の特性なんだけど、さっきの工芸化する絵の話と似て、手に気持ちが集中していることがすごく大事なんです。私たち日本人はじっとしていられないでしょう？

田中　電車のなかでもみんなスマホをいじっていますよね。本を読むより、スマホをいじっているほうが日本人には向いているわけですね。手を動かす回数が多いから。

山本　簡単に言うと、手を動かしながら考えたくない。できれば無我の状態で作業だけしていたい。それがわれわれの民族のある種の特性かもしれない。縄文より弥生の文化だと思いますね。

田中　日本人はせっせと種まきや刈り取りなどの手作業をすることが好きなんですね。限られた面積のなかで収穫を最大化するために、せっせと手を動かすようになってしまった。

ところで江戸時代も米を中心とした農業中心ですよね。農業では収穫の仕方や天候の変化を知っている情報提供者が貴重なので、若い人よりも経験を重ねた年長者が有利になる。だから物知りの高齢者が重視されたのが江戸時代です。大老という「大きく老いた人」が一番えらいじゃないですか。中くらいに老いた老中がその次で、家老もかなりえらい人。老いるたびにどんどん格が上がる物知りが尊重された時代です。それに対して、老いても実力を発揮できないのがいまの会社で、「なんで何もできないで部長が俺たちより給料をもらってんだ」と愚痴る若い部下が出てきています。江戸の農業時代と違って、いまはなぜ自分たちがえらいのか、なぜ組織で立場が上なのかを自分で説明できなくなってしまった。つまり年を取ることがそれほどいいことじゃなくなってきた。上になった人たちは、困っていると思います。自分の実力の示し方がわからなくなって。

山本　江戸時代まではだいたい50歳で死んでいるんですよ。大店《おおだな》では丁稚が12～13歳から奉公に入り。35～36歳で番頭さんになって、40歳で引退し、50歳くらいで亡くなっていたらしい。現代ではその年齢が倍になっていますからね。

田中　そう考えると人生100年時代になったのはいいとして、「かつての知恵」が役立たない長寿は困りものですね。ピカソと違って凡人は価値転換を図るのが難しいから、人生の後半が大変です。それは見方を変えれば、これまでになかった価値転換のチャンスでもあるわけですが。

アートは「人々の嗜好」を的確に表す

田中　私は「プライシング（製品やサービスの価格設定）」をテーマに、いかに高価格を実現するかといった本を書いたのですが、最近話しているのはプライシング技術の前に、高価格を目指す強い心をもちましょうということなんです。みんなが「いいモノをより安く売る」常識に縛られているからこそ、「いいモノを高く売る」ことを決めましょうと。さきほどの村上隆さんに似た話かもしれませんが、そんな話をビジネスパーソンの方にしています。

国単位で見ても日本は高価格への価値転換が遅れてしまいました。たとえばかつてメイドインジャパンにやられたアメリカは、日本に負けると思った工業製品からは足を洗って、金融やIT、サービス業へと国を挙げて産業シフトを推し進めました。いまの日本はあのときのアメリカと同じ状況にあって、もう工業製品では中国や韓国にかないません。しかし、だからと言って、どうしていいのかわからない。その解決の糸口をアートに求めている気がします。しかしどこからアートを学べばいいのか、そしてアートを仕事にどう活かすべきかについては、みんなわかっていないように思います。そもそもアートを仕事に活かすという発想が正しいのかということも含めて。

山本　情報革命が起こっているのだから、体験のための情報はいくらでもある。僕がアートを買う人に話すのは、なるべくたくさんアートを見なさいということです。フランスに行けば、いまや誰でも博物館や美術館を訪ねることができます。観光ルートにも入っているので皆、必ず訪ねています。まず現代美術ではパリのポンピドゥー・センターが中心だし、価格を知りたいならＦＩＡＣなどのアートフェアを見るなど順序立てて体験を重ねるといい。アートを通して自ずと世界がどのように動いているのかが見えるようになります。それがヒントとなって、たとえば製造業の人はつくるものも変わるだろうと思っています。たとえば、どんな消しゴムがつくられているのかと世界を見て歩くよりは、なぜ消しゴムが必要なのかといった理由や背景を考えられるようになる。

田中　それはわかります。消しゴム屋さんは世界の消しゴムだけ見て歩く人が多い。でもそれでは上澄みの表面しかわからない。消しゴム以外の世界から、消しゴムに当てはまるような発想を見つけに行ったほうがいいということですね。

山本　そうそう。だからその消しゴムを見て歩くだけではだめです。何が必要かを知るためには、特に実用品に関しては、人々の嗜好をとらえておかなければ、つくっても売れませんから。アートは嗜好をもっとも的確に表しています。

近代化で切り離された江戸を再発見する

山本　いま必要なのは、日本のモノづくりの歴史をグローバルな視点から見直すことでしょう。まずは江戸時代からつくり続けているモノづくりの技術を存続させることです。30年以上前に盛岡で玉霰《たまあられ》の鉄瓶を10万円で買ったんだけど、すぐには手に入りません。というのも江戸時代のやり方でつくるので、ほかの鉄瓶でも5年先でないと買えない状態です。けれど**鈴木盛久**さんの工房は、機械で量産はしません。生産量を上げるために粗製濫造するとブランドが壊れる。そのような丁寧な仕事は日本中にいくつ残っているのか。和紙で言えば、世界の絵画の修

鈴木盛久
すずき・もりひさ
岩手県盛岡市にある南部鉄器工房。１６２５年に創業。鈴木家は鋳物師として代々南部藩に仕えた。現在の当主は15代・鈴木盛久(熊谷志衣子氏)。

復に日本の和紙が使われるようになって、世界性をもちました。ではパルプを入れるのはよそう。そういうような判断が選択されれば価値が生まれ、価格につながります。ただ、それは目利きでないとできないから、その目を利く訓練をしなければならないと、僕はかねてから言っているのです。

田中　これからは目利きを磨く情報発信が必要かもしれないですね。

山本　はい、目を鍛えるためにはほかのジャンルも含めてたくさん見ることです。希少性や既得性を判断するにも、情報の量をたくさんもっていなければなりませんし、できるだけさまざまな、しかも文化的なことを知っている人にしか、そこに何が欠けているかはわかりません。

ずいぶん前に和紙の協同組合で体験したことですが、去年まで紙のなかにあざみを漉《す》き込むのが流行っていたけど今年は売れない。だから今年は菊の花を入れようとする。でもそれは間違いなんです。あざみと菊の違いは、彼らにとっては意味がありますが、僕にとってはあざみでも菊でも紙のなかに花を入れて漉くこと自体が終わっている話なんです。でも生産地の人は、「いやぁ、あざみで売れなかったから菊にしよう」「来年は桜にしよう」と言っている。それではつくっても売れません。そういう視点を捨てなければだめだと言っているんだけど、誰も外の世界を見に行かない。ところが、世界を知っている外国ブランドが竹細工とか鉄瓶とかを取り上げると、日本中が騒ぎだす。だから生産地の人が自ら外に目を向けないと日本に残るものがなくなってしまう。

田中　日本人は自分自身の短所を見つけるのは比較的得意ですが、長所を見つけるのは不得意です。外国の人に認めてもらって、やっと自分のよさに気づくことが少なくありません。生産地の人が自分自身の眠れる価値に気づくのは難しいのでしょうか？

山本　全然、難しくないですよ。けれど、僕はずっと全国でその講演しているけど、一人として僕のところへ来て、「海外に連れていってください」と言ってきた人はいません。

どうして行かないのかっていうのが不思議でしょうがない。いま外国のブランドが日本の生産地に来て、日本にしかない伝統的技術を自分のブランドのなかに入れていく。日本で数万円のものが、ブランドのデザインによって100万円以上になっているわけですよ。だから日本人は常に下請けにしかなれない。それでも日本人はなかなか外へ見に行きません。

田中　なんとももったいない話に聞こえます。

山本　竹の取っ手がついたバッグがあるでしょう。日本人はそんなバッグはダサいと思っていたけれど、イタリアのブランドが新しいデザインでつくると、そのバッグが100万円以上になるんです。最近では、越前市の福井県和紙工業協同組合が復元した平安装飾料紙は素晴らしかった。このあとどうなるのか楽しみです。

第6章

「未来の資本主義」の話をしよう

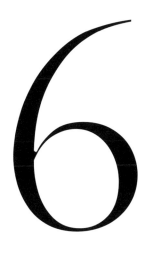

1

会計の「公準」という概念をアートに当てはめる

会計人もあまり知らない三つの「公準」

田中　私たち会計人は、会計の勉強の一番初めに、三つの「会計公準」について教わります。

まず「貨幣的評価の公準」。これは、会計は金銭的評価ができるものだけを対象にするというもの。金銭的評価ができないものは会計の対象にはしないということです。

次に「継続企業の公準」。これは、人間は死ぬけれど、法人＝企業は永遠に継続するものと仮定して考えようということです。本当は倒産して消えていく企業もあるのですが、つぶれるとかなくなることを前提にしてしまうと決算をそれまで待つという発想が出てきてしまうので、会計学上は「企業は永遠に続くのだから区切って決算しないといけない」と考えます。
　最後は「企業実体の公準」です。これは決算を行ううえでの主人公を決めましょうということ。主人公を決めないと決算ができません。その主人公を誰にするかはともかく、とにかく主人公を決めることが必要です。
　以上、お金で評価すること、会計年度を区切って決算すること、そして主人公を決めること、この三つは会計の最低限の前提であるという考え方です。会計学を学びはじめた頃は「ふーん」と聞き流してしまう話ですが、長年会計に関わっていると、この三つの考え方がいかに重要だったかがわかってくるんです。

山本　その三つは、なかなか興味深い話ですね。

田中　だから会計学は、何でも金銭的に評価するのですが、それが通じないのがたとえば人間なんです。人間はバランスシートに載らない。これだけ人的資産の重要性が認識されているにもかかわらず、人間を金銭的に評価することができないから資産として認められないのです。

山本　三つめの企業実体ですが、たとえば、もう解体してしまったけどセゾングループなどの「グループ」も主人公になりますか？

田中　その通りです。グループは会計上「企業集団」と言いますが、これを主人公に決算を行うのが連結決算です。もともと決算は法人としての会社を単位に行われていましたが、最近は分社経営のかたちで多数の子会社を傘下にもつ会社が増えています。もっとわかりやすいところでは「セブン&アイ・ホールディングス」などがそうですね。このように分社経営を行っている企業集団について、主人公をグループ全体にして決算を行うのが連結決算です。このように「企業実体の公準」は主人公を決めましょうというものですが、その主人公は会社のこともあれば企業集団のこともあります。

アートを「公準」の概念で考える

山本 いま聞いていて思ったのは、この公準という会計の考え方はアートとも共通していますね。まず会社を永遠だとして、永遠だから年度を区分して決算しましょうと考える。それは江戸時代とか室町時代とかを区分して、「その時代の美術とは何か」を考える美術史の考え方と似ています。美術史は時間を区切る＝区分がないと成立しません。

田中 分けることによってわかるようになるという、要素還元的な思考は会計も美術も同じわけですね。

山本 メソポタミア文明とかエジプト文明といった4大文明も、僕たちが区分しているだけで、その時代の当事者には区分なんて意識があったはずがありません。

それから貨幣に還元するという考え方も、アートには絶対に必要です。そもそも芸術家は、作品を貨幣と交換しないと生きていけないですから。ただ、作品を貨幣と交換するときにもまた区分があって、「いつ貨幣と交換するか」という問題が出てきます。たとえば、村上隆さんは現在の区分では多額な貨幣で交換されていますが、30年前は貨幣として成立していなかった。それでギャラリーにプライマリーとセカンダリーという区分が生まれるわけです。

田中　貨幣に還元できない、つまりマーケットで評価されるかどうかわからないから、画商の努力が必要だという話ですね。プライマリーでは評価されないものも、画商の努力によってセカンダリーで評価されることもある。

山本　それから美術はある程度、地理によっても区分されます。「日本の現代美術」とか、「アメリカの現代美術」というような区切られ方をするでしょう。つまり、時間だけでなく場所でも区切る。スイスで開かれているアート・バーゼルの場合、周辺の国が資本主義化すればこのアートフェアに参加してきます。チュニジアは以前は参加していませんでしたが、いまはチュニジアの画廊も参加するようになり、北アフリカに現代美術が生まれています。東欧にも現代美術が生まれていますから、それもまた会計上のグループと似ているような気がします。つまり主人公にもいろいろな種類があるということですね。

こうして考えると、会計学の「公準」の考え方は、美術でもまったく同様の概念として使えるように思えます。

田中　山本さんが「美術・芸術と会計公準」というテーマについて会計人に話したらみんな喜ぶと思いますよ。誰もそこに共通性があるなんて考えていませんから。会計人からすれば公準は一番基本的な大前提ですが、もっとも無味乾燥で面白くない概念だと思っています。

会計と法律を分けない日本の特殊性

山本　田中さんに質問なのですが、公準を考えるとき、基本となるのは法律ですか？　それとも社会とか世間ですか？

田中　会計ルールのベースは「会計基準」というものですが、これは法律化されることを嫌うのです。法による規制をなるべく受けたくないというのが会計学の立場です。なぜかと言うと、法律に従うとガチガチのルールになって世の中の変化に柔軟に対応しにくいからです。会計学では「経験の蒸留」という言い方をしますが、商売をしている人の常識が会計原則に要約されるべきだとの立場です。そこに法の介入はさせたくない。会計原則はそういう考え方です。

山本　その経験の蒸留とは、「世間」に近い概念ですか？

田中　おっしゃる通り、世間です。「経験の蒸留」とは世間の常識と言い換えられます。

山本　それは美意識にも近いものですか？　要するに「恥ずかしい」とか、「そんなことやったら社会から弾かれる」とか。

田中　会計はお金に関わるルールなので、高レベルの美意識とは少し違う気もしますが、「これくらいしなきゃまずいだろう」という最低限の決まり、商売上で守るべき常識ですね。

世の中に流布されているルールには3種類あります。それが法律、慣習、道徳です。このなかでは「法律」が一番堅いルールで、罰則付きのため安定性がありま す。私たちが車を運転するとき左側を通行するのはそれが法律上の決まりだからです。道路交通法という法律で決められていて、守らないと罰則があります。ここでは左側通行という法規制によって交通の安全が保たれるわけです。

次のルールが「慣習」です。たとえば東京ではエスカレーターで右側を空けますよね？　これは法律ではなく慣習です。明文化されていないし罰則もないけれど、なんとなくみんなが守る。これが慣習です。ちなみにエスカレーターは、東京では右側を空けますが、大阪では左側を空けます。このように慣習は曖昧なんです。

そして最後のルールがわれわれの心にある「道徳」です。道端にゴミを捨てないとか、周囲に迷惑をかけないよう禁煙するとか。道徳は心の問題なのですぐに破られてしまいます。

法律・慣習・道徳。ルールは法律色が強くなればなるほどみんなが守り、社会が安定する。反対に道徳のほうに行くほど罰則がないから不安定になる。朝「今日から禁煙しよう」と思っても、すぐに前言撤回して夜に吸ってしまったりするわけです。ところが条例で歩きタバコが禁止となるとみんな喫煙しなくなるし、店舗内での喫煙が法律として禁止になると、店で喫煙する人はいなくなります。

ここで会計の話に戻ると、会計基準はできるだけ法律ではなく、慣習の側にしようという意思が働いています。さきほど山本さんのおっしゃった美意識は、慣習というより道徳の問題ですね。

山本　会計と言うと法律寄りのイメージがありましたが、慣習なんですね。それは意外です。

田中　はい。おっしゃるように、日本の場合、「慣習」寄りの会計原則があるにもかかわらず、その上に「税法」があるため、税金の法律は知っていても会計原則を知らないという人がけっこういます。日本では税法が会計実務のほとんどを支配してしまっているのが現実です。だからみんな会計と言えば法律だと思っている。ほかの国では、会計上のルールと税金計算のルールを分けているのですが、日本ではそれが一緒くたになってしまっているのが特徴です。

「慣習好きの英米」と「法律好きの日独」

山本　なるほど。その原因は日本人の宗教観とも関係ありますか？

田中　それはあるかもしれないですね。「心の問題はそれぞれの良心において決めるべきであり、行政はそこまで踏み込むべきではない」という欧米の考え方は、宗教観から来ているかもしれません。

ちなみに、慣習法がもっとも発達しているのはイギリスやアメリカで、逆に成文法はドイツです。その影響を受けたのが日本ですね。ドイツや日本が成文法で、イギリスやアメリカが慣習法。この違いは美意識にも関係がありそうですか？

山本　2019年の**あいちトリエンナーレ**で、「表現の自由」が問題になりましたが、表現の自由が一番相応しくないのが法律かもしれません。会計と同じで、

あいちトリエンナーレ
2019年8月に開幕した国際芸術祭「あいちトリエンナーレ2019」の一企画「表現の不自由展・その後」が開始3日で一時中止となった問題。慰安婦問題を象徴する少女像などに対してテロ予告、脅迫電話や嫌がらせがあり、安全を確保できないとして大会実行委員会は中止を決定。河村たかし名古屋市長が「日本国民の心を踏みにじる行為」として中止を訴え、10月の展示再開時に座り込みで抗議、名古屋市の開催負担金の支払いを拒否したことも物議を醸した。

美術も法律が似合わない。表現の自由は慣習法なのかもしれません。「ここまではやっていいけれど、これ以上はだめ」なんていうのは、成文法よりも慣習法に相応しい。

田中　最近日本でも、コンプライアンスやガバナンスはすべて成文化したルールにする方向へと進んでいます。たとえば出版社でも、昔は著者と印税の契約なんて交わさなかったのに、最近はきちんと契約書を結ぶようになりました。すべてを明確なルールとして守らせようとしています。

そうした空気のなかで、いよいよ「自分を包む集団」の見えない圧力が強くなっています。アートに関してもその傾向があって、最近「アートとビジネス」「ビジネスにおけるアート思考」が流行ってきたら、「アートなんて俺には関係ない」となかなか言い出せない雰囲気がある。流行り言葉が出てくると、ルールだろうがアートだろうが皆の関心や興味が同じ方向を向きます。会社に守れと言われたルールは納得できなくてもとにかく守る。美術館に行っても、この絵は見たほうがいいと言われれば必ず見るし、ほかの作品には目もくれずに有名な絵を見ようとします。日本人は「個人として主張する」とか、「個人として味わう」ことがどんどん下手になってきたように思います。

山本　人間の秩序は「法と道徳」によって維持されています。近代になり法は神から離れ、学問として自立しました。道徳は哲学とともに倫理学という学問になりましたが、社会の成員相互間の行為の善悪を判断する基準であり、生きている個々人の内面的な原理です。神という絶対的な存在がなくなっても、人間の相対的関係に道徳の役割はまだ大きいのです。個々人の内面に関わる点で、美意識は神の不在後の道徳を支えることになるでしょう。

2 「区切る」ことの本当の意味とは何か

アートも会社も区切らないと評価できない

山本　法人の永続性と対照的に、アーティストの人生は有限で区切りがありますが、逆に言えば区切らないと価格に転化できないということでもあると思います。死は区切りだから、アーティストの実存を区切るからこそ作品の価値が生まれる。会計も今年度の決算を出して税金を納めたから次に進めるのであって、区切らないと定量化できないという共通性がありますね。

田中　区切ることは会計でも芸術でも意味がありますね。いったん区切りをつけないと次に進めないということでしょうか。

山本　そう、人の人生においても区切りは重要です。たとえば成人式や七五三などを現代の日本人はなおざりにしているけれど、区切ることによって人の成長が見えてくる。昔の人はそういう知恵をもっていて、子どもの成長をほぼ3歳ごとに区切ってきた。その区切り方が日本独特だから、グローバルスタンダードが全盛になるとそれは意味がないと言われて軽視されてしまう。世界的に一番わかりやすい区切りは教育ですね。小学校6年、中学3年、高校3年、大学4年と、人間はその区切りで成長していって、そして就職するわけです。

田中　どこの国でも教育期間には3年の区切りが多いようですね。下っぱを経験して中間を経験して上を経験する。理不尽なものと複雑なものを3年間で経験するという、よくできた教育システムだと思います。

山本　飛び級というシステムもありますね。一般人の教育制度の区切りに合わない子たち――たとえば棋士の藤井聡太棋聖のような秀でた方は、一般人の区切りを超えていく。そこから「天才」という概念が生まれたんだと思います。アインシュタインは26歳のときに特殊相対性理論を考えて、一般相対性理論を説明できるまでに20年かかったと聞きました。なぜそんなに時間がかかったかと言うと、自分が考えたことを証明する方法がなかったから。証明する方法を20年間考えて、一般相対性理論に至った。そういう人たちは、僕ら一般人の区分けとは違いますね。

田中　その区分けもＡＩの登場で変わるかもしれませんね。

山本　その通りです。一般人の「6・3・3・4」という区切りは社会通年になっていますが、ＡＩが普及すると飛び級の人たちが価値をもつイスラエルの歴史学者ユヴァル・ノア・ハラリさんが『ホモ・デウス　テクノロジーとサピエンスの未来』（河出書房新社）のなかで書いていましたが、昔は馬車の御者だった人がいまはタクシードライバーになったように、前の時代の職業が次の時代の職業に転化できた。つまり、御者と運転手を比べても、能力的には飛躍は必要なかったわけです。ところが、ＡＩの登場によって、次の時代の人間に求められる能力には、相当な飛躍が求められるのではないかと書いていました。

彼は同書で、われわれ人間がＡＩによってより進化した人間をつくる方向に向かうと恐ろしいことが起きるのではないかとも言っています。それはアドルフ・

ヒトラーの**「優生思想」**に近くなっていく。

「不老不死」への憧れが会計に与えたもの

山本　ところで会計は年度で区切りますよね。1年で区切るようになったのはいつ頃からですか？

田中　第2章で紹介したダ・ヴィンチの頃なので、ちょうどルネサンスの時期です。それまでの商人は3年契約で商売して自動更新するようなことが多かったようです。だらだらと商売を続けながら、必要に迫られないと決算を行わない。けれど、ルカ・パチョーリの『スンマ』に「友情が長続きする秘訣は毎年区切って決算すること」と書いてあります。この頃から毎年決算をすることになったようです。

山本　ダ・ヴィンチを境に「神からの離脱」が始まります。人類の最大の関心事

優生思想
優生思想の背景となる優生学は、古くは古代ギリシャの哲学者のなかに見られる。1883年にイギリスのフランシス・ゴルトンが定義した。遺伝子に優劣を設定し、優れた遺伝子のみを残そうという思想。人種差別や障害者差別を正当化する根拠に用いられた。

は「不老不死」で、それができるのは神しかいなかった。人間は不老不死ではないので、それが神に対する最大の憧れだったのです。エジプトで人の死後ミイラにしていたのは不老不死への憧れですから。つまり、ダ・ヴィンチの頃まで会計に区切りがなかったのは「欲望に区切りがなかった」ということであり、不老不死と関係があるのではないかと考えています。

田中　もし不老不死に対する憧れがあったら、決算でも「区切りたくない」と思った可能性はありますね。区切って決算するのが面倒くさかっただけかもしれませんが（笑）。

山本　会計の歴史ではそのあとに「法人」がつくられますが、人間は不老不死になれないけれど、死なない法人をつくることで少しでも不老不死の神に近づこうとしたのではないかと考えました。ところが、それでは自分の会社の状態がわからないので、1年で区切って決算をするようになった。それは「法人の健康診断」であり、簿記や決算書を通して「私たちの企業はこういう健康状態ですよ」と世界に知らせることができるようになったと思います。

田中　とても新鮮でユニークな仮説です。人間にとって神に近づく不老不死への憧れが、法人というかたちで実現した。しかし不老不死になってしまっては健康状態がわからないから、区切るようになったと。

山本　いま資本主義が終焉を迎えているなどと言われていますが、不老不死を求めた人間の経済活動としては、これまでならばＡＩやクローンにたどりついた資本主義が一番有効なシステムです。資本主義になってから人の寿命は延びているし、人口も確実に増加している。そう簡単にはほかの経済システムに変われないと思いますね。

室町時代に「貨幣と美術コレクション」が始まった

山本　では、日本の欲望の源泉である資本主義はいつ頃始まったかと言うと、その萌芽はどうやら14世紀、室町時代の後醍醐《ごだいご》天皇あたりからのようです。

田中　どうして室町時代なのでしょうか。それはどういうことから始まったのですか？

山本　なぜこの時代かと言うと、後醍醐天皇が大陸との貿易で得た宋銭を貨幣として使うようになったからです。この貨幣は江戸時代まで使われています。江戸時代になって、ようやく日本は自国で貨幣を鋳造できるようになり、初期の資本主義社会が経済行為として自覚されるようになります。

田中　なるほど、貨幣の鋳造と普及が資本主義の始まりになったわけですね。たしかに貨幣が登場することによって富の蓄積が可能になります。蓄積した貨幣によって美術品を購入すればそれがコレクションになるわけですね。そう考えると、資本主義の発展とコレクションには大いに関係があります。

山本　資本主義が室町時代から始まったと言えるもう一つの理由は、足利将軍と後醍醐天皇が初期の美術コレクションを始めていることです。それまで日本には正倉院のコレクションしかなかったのですが、対明貿易で中国の美術を集めることによって、わが国の歴史上初めてコレクションが大きく動くんです。

田中　ヨーロッパの歴史を見ても、資本主義の新たな仕組みが生まれた国では必ず芸術が栄え、それによってコレクションが充実しています。

山本　織田信長はそれを知っていて、後醍醐天皇の次の時代に名物狩りというコレクションづくりをやったのだと思います。そして、次に千利休が出てくる。美術史のなかでは室町時代に、能の**観阿弥・世阿弥**、水墨画の雪舟などが出てきて、日本独自の文化が生まれました。利休によって黒楽茶碗が出てきたのもその流れのなかにあります。

ダ・ヴィンチにはなぜ未完の作品が多いのか

田中　つまり日本では、資本主義とコレクションが同時に始まったわけですね。そ

観阿弥・世阿弥
かんあみ・ぜあみ
観阿弥（１３３３〜１３８４年）は、息子の世阿弥（１３６３頃〜１４４３年）とともに室町幕府３代将軍・足利義満の庇護のもとで猿楽（能楽）を大成、深化させた。世阿弥は父の死後、その教えをもとにした能楽の理論書『風姿花伝』を残している。

れとさっきおっしゃった不老不死とは関係がありますか?

山本　それは「切断」ということと関係しています。さきほど「文明とは区切り」であると言いましたが、簿記も、あるいは国家という枠組みも、一種の区切りです。そして、国家を区切ることによって「歴史という区切り」が生まれ、室町時代とか戦国時代といった区分が出てくる。そうした区切りの最大のものが貨幣だと思います。

美術史を遡ると、ダ・ヴィンチの時代まで絵画は売るものではなかったんです。彼のなかには作品を売るという発想はなく、いまでは有名な《モナ・リザ》を売ったのもダ・ヴィンチの弟子なんです。その証拠に、ダ・ヴィンチには「完成」という概念がありません。

田中　たしかにダ・ヴィンチ作品には未完成が多いですね。

山本　では、なぜダ・ヴィンチに完成の概念がないかと言うと、「サイエンスには完成がないから」という発想なんです。サイエンスには終わりがないでしょう。サイエンスほど不老不死の本来の意味を人間に知らしめたものはありません。人類の存在と一人の命の関係です。**ユークリッド幾何学**が生まれると、**非ユークリッド幾何学**が生まれてくる。真理を求めて延々と研究が続くんです。

田中　まったくレベルが違いますが、私が原稿を書いているときも同じ感覚を味わいます。完成が近くなると必ず「もっと直したい」「もう少しだけ時間が欲しい」と思うんですね。でも編集者は許してくれない。それでもこちらは締め切りを延ばしたい。しかし、いつまでも締め切りが延ばせるとしたら、おそらく永遠に完成させられません。締め切りという区切りがあるからこそ、そこでいったん終わらせることができ、そこで感じた不完全燃焼感を次の本にぶつけることができる。原稿に締め切りがなかったら、もしかしたら自分が壊れてしまうのではないかと恐ろしくなります。

山本　第2章でも紹介しましたが、ダ・ヴィンチは科学にのめり込んでいたので、絵を完成させることは考えなかった。ところが次の弟子の時代になると、完成という概念が生まれて、「売却する」「交換する」商品となる。そこで貨幣が必要に

ユークリッド幾何学と非ユークリッド幾何学
ユークリッド幾何学は、平面や歪みのない空間で成立する図形の性質についての考察。非ユークリッド幾何学は、曲面や歪んだ空間で成立する図形の性質についての考察。古代エジプトのギリシャ系数学者エウクレイデスの著書『原論』に由来する。

なるわけです。貨幣こそが、資本主義を発展させる「切断」の役目を果たすのです。

田中さんからサジェスチョンをいただいたのは、会社も売るものということ。つまりM&Aという区切りがある。それが資本主義の原点なのではないかと思います。その文明としての資本主義を本当にわれわれは理解しているのか、それはもう一度考えてみるべき課題だと思います。

「宗教を信じていても長生きはできない」

田中　新型コロナウイルスが流行っているため歴史を遡って調べたのですが、記録に残っている限りで最大の感染症は、14世紀中頃にヨーロッパで流行ったペストです。おそらく中国からやってきて、イタリアのヴェネチアなどで広まります。フィレンツェでも大流行して多くの人が亡くなりました。そのとき教会では、患者に寄り添う神父から亡くなったそうです。優しい神父ほど患者に寄り添うので感染者と「密」になってしまうのです。

山本　ところが悪い神父は怖くて逃げ出してしまうから感染しない。

田中　さきほど山本さんが「不老不死が人間の最大の願い」だと言いましたが、ペストが流行したときに、人々のなかでは「キリストを信じれば長生きできると言っていたのに、その本人が死んでいるじゃないか」と不満が沸き起こります。死に対する恐怖から、教会に対する不信感が増すわけです。これではまずいというわけで、教会は権威回復を狙って新たに建造物をつくりはじめた。それがルネサンスへとつながっていきます。

そのとき経済界でも、旧勢力の銀行がつぶれ、新興勢力のメディチ家などが出てきました。この時代は**百年戦争**はあるわ、ペストはあるわで、人々は教会の教えを信用しなくなった。だから教会側は、もう一度権威を取り戻すべく巨大な資本力をもったメディチ家などと組んで大聖堂などをつくりはじめたようです。これによって14世紀から15世紀に巨大建築がつくられました。それとともに建物のなかに飾る彫刻や絵画の注文も激増した。

百年戦争
1337〜1453年までフランスを主な戦場として繰り広げられた英仏王家の戦争。仏国内に領土を有するイギリス（イングランド）王が、フランスの王位継承に名乗りをあげたことで開戦。戦争と和平を繰り返し断続したが、英勢力が一掃されるかたちで決着した。

山本　その当時の建造物は、いまでも観光の対象となるヨーロッパの大切な資産ですね。

田中　それらはペストからの回復を願ってつくられた建物が多いのです。これは私の想像ですが、さきほど山本さんがおっしゃったダ・ヴィンチが完成のない作品をつくりはじめたというのも、もしかするとペストの影響もあるのかもしれません。ダ・ヴィンチがいたフィレンツェも、人口が半分くらいになっていますから。完成がない作品を描き続けることは、「区切りがない＝死がない」という憧れの表れだったのかもしれません。

3 日本人は「資産」の意味を理解しているか

美術界も「公準」の考え方を取り入れよ

山本　さきほど田中さんがおっしゃった会計における公準を美術に当てはめたら何になるんだろうと考えたんです。貨幣的評価、継続企業、企業実体のうち、貨幣的評価が一番遅れていると思います。なぜそうなのかと考えると、「寄託」という制度に思い至りました。１９７０年代の調査によると、日本の博物館は、コレクションよりも「寄託」のほうが多かった。**京都国立博物館**も東京国立博物館もお寺からの寄託作品のほうが多かったのです。

田中　貨幣的評価の公準がどうして寄託と関係するのでしょうか？

山本　かつて『世界の博物館』（講談社）という本が日本の美術館の特集をしよう

京都国立近代博物館
京都市東山区にある美術館。１８９７年に開館。京都を中心とした日本・東洋の文化財を収蔵。国宝29件、重要文化財１９６件を含む収蔵品のほかに、国宝87件、重要文化財６１６件を含む寄託品を収蔵している。

としたときに、国立の博物館が掲載を断ったという話がありました。それは自らのコレクションが少なくて寄託作品ばかりだったから。当時、京都の博物館では年に1度お坊さんがやってきて、寄託作品の供養をしていたとも言われています。日本では宗教と美術が離脱していないんです。

欧米の美術館は完全に宗教からは離れているし、イギリスの大英博物館のようにコレクションは略奪したものか貨幣で買ったものです。これはさきほどの論理で言えば「区切って」いる、つまり博物館が自律していることになります。ところが、日本では美術館が自律していないから、美術品の貨幣価値をあまり重要視していないのです。

田中 それは所有権が鍵になりそうですね。寄託の場合、所有権は預けた側に残りますね。そうすると博物館は借りているだけです。ここで借りている博物館は、預けた側に寄託費を払うのですか？

山本 いえ、博物館は払いません。なぜなら預けた側は、博物館に飾られることでコレクションの価値が上がるからそれだけでいいのです。しかも保存と安全性が担保されるから、なおさら預けたくなります。

田中　ということはお互いに所有権を侵すことなく、つまり第三者との売買取引を行うことなく美術品を管理しているということですね。それでは美術品の貨幣的評価は行われないし、「売ったらいくらになるか」という時価評価などは夢のまた夢ですね。ところで区切りと言えば、世界のなかには会計的に「区切らない」国もあるんです。

山本　どこの国ですか？

田中　数年前に話題になったタックスヘイブンの国です。若い頃にケイマン諸島を調べたとき、決算義務がないことを知って驚きました。なぜなら納税義務がないから、決算する義務がなかったのです。節税のためにペーパーカンパニーをケイマン諸島につくれば、設立しっぱなしで決算しなくても大丈夫でした。

ケイマン諸島は珊瑚礁と椰子《やし》の島で、観光収入しかありません。そこで「会社の設立費用で稼ぐ」ことを考えたのですね。設立費用さえもらえれば、あとの税金は要らないと。これが**マネーロンダリング**などに使われたことで、さすがに最近はタックスヘイブンの国もちゃんと「区切る」ようになってきましたが。

山本　美術の世界でもそういう国を利用している人はいて、外国の大きな画廊と商売すると、不思議なところから代金が振り込まれたりします。

田中　それはタックスヘイブンの国かもしれませんね。欧米人は納税を「コスト」と考えているので、節税のための努力をするのは当たり前だと思っている。だから彼らからすれば、合法的にタックスヘイブンを使うのは当然という感覚なんです。ところが日本では、江戸時代の「年貢」の考えがまだ残っていて、納税は義務だから納めねばならず、ごまかしをするのはとんでもない悪事だと思っています。

山本　その欧米と日本の差が、日本人が資産とは何かを理解していないこと、美術と貨幣の関係が教育されていないことに関わってくるのでしょう。公準という発想は美術学校でも教えたほうがいいと僕は思いました。公準というのは世界標

マネーロンダリング
脱税や粉飾決算など犯罪によって得た資金を、その出所をわからなくするために架空の金融機関口座から送金したり、株や債券を購入すること。資金洗浄。

準ですか？

田中　公準はグローバルスタンダードです。まさに文明としての会計が成立するための前提ですね。

山本　と考えると、僕ら美術界は言葉ではグローバルスタンダードなんて言いながらも、インフラとしてそれをまったく理解しないまま今日まで来てしまったことになる。会計士の方々は世界との付き合いがあるから身をもって学んできた経緯があるけれど、アーティストたちは世界との付き合いなんて最初はないですから。文明にまで視野を広げずに文化だけでやっていると、結果的に文化まで崩れてしまうというパターンを、日本の美術界はずっと繰り返してきたことが理解できます。

「借金は資産である」という教え

山本　18世紀から19世紀にかけて産業革命が起き、経済が急成長して、減価償却や複式簿記は近代人にとって必要不可欠のものとなりました。ところが、現代の私たちは、それをどこまで理解しているのか不安になることがあります。

田中　そもそも複式簿記が始まって、簿記で会社の儲けを明らかにしたのは、人や社会のためではなく結局は自分たちのためでした。仲間内の数人で商売を始めたから、利益を配分できるように帳簿をつけ始めたようです。それから時代が下り、15〜16世紀の大航海時代から、オランダなどで少しずつ「社会のため」という感覚が生まれてきます。

その後、産業革命が起きると、製鉄や鉄道事業は自分たちの手持ち資金で経営できる規模ではなくなったため、外部の株主などから資金調達を始めます。ここで簿記が必須になるわけです。外部の債権者や株主のために帳簿をつけるようになりました。また巨大な設備投資支出を数期に分けて計上する「減価償却」も行うようになります。キャッシュとは異なる「利益」という儲け概念が登場し、「売り上げはあるのにお金が入ってこない」といったキャッシュと利益の両輪が回り始めた。それらをつなぐものとして複式簿記が機能しはじめます。

山本　父を継いで画商というビジネスに入って一番驚いたのは、借金も資産であるという発想だったんです。学生の頃は、借金と言えばマイナスで、そんなものが資産だとは思ったこともなかった。

田中　それは借金に見合った資産が存在するということですね。企業経営にとって借金すること自体は悪くありません。借金したお金で未来をつくることができれば、それは「いい借金」です。そうではなく、自転車操業で消えてしまう借金は悪い借金です。いま山本さんが「借金は資産である」とおっしゃったのは、過去の借金によって現在の事業を拡大できたという意味でしょう。それは事業としての目利きでもあったし、ちゃんと帳簿もつけてきたという証拠だと思います。

時代とともに変化する「資産の捉え方」

田中　ところで不動産でも絵画でも「資産価値」という言葉がよく使われます。このうち「価値」の定義が難しいことは皆さんわかっているのですが、実は「資産」を定義することも同じようにすごく難しいのです。会計はその長い歴史において資産をどう定義すればいいのか、ずっと悩んでいます。山本さん、資産と聞いてどんなものを想像されますか？

山本　現金は当然として、有価証券、不動産といったところでしょうか？

田中　それらはもっともわかりやすい資産ですね。それ以外にも建物、車両、機械といった固定資産、特許権などの無形のものも資産なんです。つまり、すぐ現金化できるものだけではなく、償却されるものも資産です。当然、美術品も資産です。ここで難しいのはリースで所有している資産なんです。美術品で言えばさきほど山本さんがおっしゃった「寄託」されている美術品は預けた側の資産なのか、預かった側の資産なのか、これは判断が難しいのです。

最近の会計学では「資産」の定義が変わってきています。たとえば、航空会社は飛行機を自分たちで所有せず、リース、つまり借りているわけです。資産として自己所有すると、機械や機能の陳腐化が激しいので競争に乗り遅れる。最近は製造業の工場設備などにもリースが使われます。

山本　そうなると所有者は誰になるんですか？

田中　形式的に判断すればリース会社です。航空会社は飛行機を借りているだけなので、バランスシートに載らない。しかしそれでは経営実態がわからないということで、近年リースに関わる会計ルールが変わってきています。昔は所有権を有するものが資産だったのですが、いまはエコノミック・ベネフィットと言って、経済的利益を有するものが資産であると定義する流れになっている。リースだろうが所有だろうが、「お金を生むもの」が資産であるというふうに、資産概念が変わってきています。いくつかの条件に照らして、実質的に自己所有のものは形式的に借りていても資産であると考えるようになってきました。

山本　いま地方の美術館などには大量の絵画や美術品が眠っていて、現実的にはあまり利益を生んでいないのですが、そういう美術品は、資産ではないという判断になりますか？

田中　自ら所有している美術品は、建物や機械と同じく資産です。ただ、少しややっかいな話なのですが、近年、税法上のルールとして「購入額100万円未満の美術品は減価償却するが、100万円以上の美術品は減価償却しない」ことが原則とされました。あくまでこれは原則であって例外もあります。ただ、そんな減価償却するかしないかという話はあくまで税法上の問題であって、美術品のマーケットプライスがいくらなのかという会計上の話は別に存在します。美術品にとって重要なのは、むしろ後者のマーケットプライスではありませんか？　このあたり、多くの美術品関係者は税法の減価償却のことだけ考えて、美術品が「どれだけ利益を生むのか」といったマーケットプライスや経済的利益の話を考えていないのではないかと思います。こうした話は美術学校でも教えたほうがよさそうですね。

山本　まったくその通りですね。僕ら日本の美術界はたまたまそういうグローバルな会計知識を知らないでやってきてしまった結果、美術品を活用しきれていない。活用していないから資産価値が減ってしまう。

田中　たとえば美術学校で、「君たちはリース会社を知ってる？　この作品は誰かに借りているから資産じゃないと思っていたら大きな間違いで、借りていたって利益を生めば資産になる」といった話をしたら、美術関係者は興味をもってくれるかもしれませんね。

資産価値がわからない日本の美術品

山本　これまでの日本の博物館は、たとえばお寺から仏像を預かったり寄託されたとき、寄託費を取っていません。その代わり、その預かった美術品を展示してカタログを売るようなことをビジネスモデルとしてやってきた。それはしてもいいという許可を寄託者から得ています。そのへんの線引きが複雑ですね。

田中　一般的な資産で言えば、リースしている資産でも、いままで通り賃貸借として扱ったほうがよいものもあります。その線引きはどこにあるのか、資産になる条件は何なのかというと、一つは「長期保有」。途中で返却しないで契約期間満了までずっともっているもの。もう一つは、途中で出てくる補修やメンテナンスコストを貸し手負担ではなくて借り手負担とするもの。この二つがそろっていると、リース物件でも資産として計上するようになりました。その点では、美術品はどうでしょうか？

山本　まさにそこが問題になっています。たとえば、東京国立博物館が大英博物館から作品を借りて展示するなら、これは一時的なレンタルです。ところが、あるお寺からずっと寄託されっぱなしという仏像がたくさんあるんです。何十年も寄託を受けっぱなし。そうなると、その仏像が傷んだとき、誰が修復をするのかという問題が出てくる。国としても他人のものを税金で修復できないという論理も出てきて、修復していない可能性もあります。となると国宝級の仏像はみんなぼろぼろになってしまうわけです。

田中　それは大きな問題ですね。美術界も会計界のグローバルスタンダードを学んでルールをつくっていかないと、美術品が被害を受けることになります。

山本　美術界は会計の根底にある数値化の思考をもっと学ばないといけないでしょう。美術品の実在ということを考えると、数値化は避けられませんから。いままではそこのところが疎《おろそ》かにされていたと思います。地方の美術館も、税金で美術品を買っているので、台帳があって買ったときの値段は出ています。ところが、誰もそれを国家の資産としてまとめることをしない。だから日本全体でどのくらいの美術品が眠っているのかがわからないし、評価できない。

たとえば、何年も前にゴッホの作品を500万円で買ったとします。いまは10億円になっている可能性もあります。でも美術館の台帳には500万円としか載っていないため、日本全体で、価格が変わった美術品がどれくらいあるのかがわかっていない。僕としては、国全体でまとめる台帳をつくるべきだと思うんです。ただし僕が言っているのは、税金で買った美術品に関してだけです。プライベートに所有しているものはまた別で、それをまとめるのはもっと難しいと思います。

田中　国家としてマーケットプライスを記録した台帳がないと、個人の相続のときなどに美術品の評価額の基準になるものがないから、大変ですね。

山本　美術品の数値化というものは、これからの課題だと思います。

会計で人を評価することはできるのか

田中　絵画を評価する場合の難しさは、土地と同じで世界に一つしかないということです。土地の場合、この1丁目1番地は1カ所しかないから、他の価値から類推ができない。絵画も同じです。

山本　それは人間も一緒ですよね。山本豊津は世界に一人しかいないから、会計上どう評価するのか、個人的にはとても興味があります。

田中　近年登場したファイナンスの理論は、そのように目に見えない資産を数値化するために発展してきました。わかりやすいのは会社を売り買いするM&Aです。会社の売り買いをするとき、その会社の価額はいくらなのかを評価できなければ売買を行うことができません。ではどうやって会社を金銭評価するかと言えば、前述したようにその会社が「将来いくらのキャッシュを生み出すか」によってです。

その会社のヒト・モノ・カネやノウハウ、すべてをひっくるめて「将来いくらのキャッシュを稼ぐか」を見積もり計算し、これを合計したのが企業価値です。ところがここに一つ盲点があって、その会社に勤めている個々人の評価はしないのです。現時点ではそこまで還元できていません。その会社にどんな人間が所属していて、いくら稼ぐかは匿名なんです。本当は、「このAさんがいるからこの事業は利益を出しているけれど、いなくなったら誰も継げない」ということもあるはずですが、そこまで還元できていません。

山本　和包丁とか和食器で有名な新潟県の燕三条には、「あの爺さんがいなくなったらこの包丁はつくれない」なんて話はごろごろしています（ごろごろしていると思うのは願望ですが）。そういう個人の技術や存在を会計上どう考えるかは、アートとすごく関係しているように思います。

田中　M&Aに先だって行われるデューデリジェンスの事前調査では、「この事業は誰かに依存していないか」「その人から技能を継承する仕組みがあるか」「その人が死んでもその包丁がブランドとしてずっと売れ続けるか」なども調べます。つまり、「『サザエさん』の著者が亡くなっても『サザエさん』がずっと放送できるか、そういうブランドになっているか」を確認します。そのブランドが特定の個人に依存しているときには、やはり企業評価は下がります。

AIがアーティストになれない理由

山本　その考え方は「命」とすごく関係していると思います。新型コロナウイルスにしても、フランスやドイツは早い段階で芸術家を手厚く支援することを決めました。かたや日本では支援がいまひとつ遅く、国家として文化支援の方向に向きません。これからの国家は価値をつくる個人を尊重しないといけないと思うのですが、日本はまだ企業社会から抜け出ていないと感じます。そのことは、これから本格化するＡＩの問題と関係してくると思います。

田中　根本的な質問ですが、山本さんから見て、ＡＩと人間の違いはどこにあるとお考えですか？

山本　その違いは「自律しているかいないか」だと思います。ＡＩは素晴らしい能力をもっているけれど、他律であって自律していない。なぜかと言うと、「閉じていない」から。物事を着想するところから作品が完成するところまで、すべて一人ではできずに誰かの手を借りている状態だから、個として閉じていないのです。このことを西垣通の『ＡＩ原論 神の支配と人間の自由』（講談社選書メチエ）から学びました。この自律ということを考えないと芸術なんて意味がありません。そういうことを考えざるをえない時代が、コロナ・パンデミックによって早く来てしまった印象があります。

田中　自律した人間はゼロから作品をつくりあげて完成させ、それを商品として売却するところまで完結させられるということですね。

山本　特に若いアーティストと話をすると、岡倉天心の時代から精神構造が変わっていないから、自分の作品を商品化することの意味があまりわかっていません。それどころか、商品化することがマイナスだと思っているんです。商品化するなんてことは、世の中に迎合することだと思っている若者もいます。むしろ迎合しないで生きていくためには、自分の作品を商品化したものと商品化しないものとに区分けしていかないといけない。そうでないと、いつまでもお父さんお母さんの貯金で食べながら絵を描いていくことになってしまう。つまり自立していないということです。そこがわが国のアートシーンの重要なポイントだと思っています。

田中　これからの芸術家は、自らの作品を商品化する実力をもたねばならないということでしょうか？

山本 商品化するもしないも自分で決められるということです。若い人たちを見ていると、商品化の意味が理解できていないため、商品化できても一つのアイテムで終わってしまい、その後の展開が続きません。だから表現としても経済的に自律も自立もできないわけです。

僕らは労働者として社会に出るときに、どこの会社で働くかを自分で選ぶことができます。特別な人を除いて誰でも収入の道は自分で選べるわけで、それを保障しているのが近代であり、資本主義社会だと思うんです。しかし日本ではアーティストが自律できる社会になっていない。僕たちギャラリストにも大きな責任がありますね。

田中 アーティストも必要なときには商品化した作品をつくれなければいけない、という話はすべてのフリーランスに通じる話です。趣味やボランティアのレベルを脱して商品化できないのでは生活ができません。特に心配なのはコロナの自宅待機に対応してネットによる無料サービスが激増してしまったこと。消費者にとって無料が当たり前になって、提供者は自らを商品化し有償化するのが難しくなっています。ここをどうやって切り抜けるかがこれからの課題です。

一番重要な問いは「なぜこれを描いたのか」

山本　ＡＩについての興味深い問題は、「報酬をどうするか」ということです。ＡＩがつくりあげた作品を誰かが買うときに、報酬はどうするのか？　誰がもらうのか？　仮にＡＩが自立したとすると、ＡＩがつくった作品に対して何かの価値の交換が行われないといけない。価値の交換がないものは自律していない証拠ですから。つまりＡＩは、作品の価値を何かに交換できないなら、永遠に自律できないということになる。つまり、それこそが人間とＡＩの決定的な違いです。

そういうことをこれからの子どもたちに教えないといけない。それが昔から今日まで引きずってきてしまった美術品の寄託制度の問題にもつながると思うんです。

田中　自律した芸術家にも寿命があっていつかは死ぬわけです。ただ、その本人から切り離された存在として、美術品は残ります。しかしこちらも時間の経過とともに朽ちていくことが避けられません。それを食い止めるためには修復しなければならない。これからのアーティストはいかに完成後の作品を長生きさせるかについても考える必要があるのでしょうか？

山本　基本的には作品が長持ちするように、芸術家は考えます。やはり自分の作品が長く残るということは大切だから。

田中　でも、AI以前にすでに登場しているデジタル作品は朽ちないですよね。コンピュータで描いたデジタルアートは不老不死とも言えます。この登場は芸術家に何か影響はあるのでしょうか？

山本　それは美意識と関係があります。たとえば田中さんは、毎朝5錠サプリメントを飲めば不老不死になると言われたとしますね。するともうカツ丼は食べませんか？

田中　いえ、絶対に食べます。長生きできるからといってサプリメントだけではイヤですね。それでは生きている意味がありません。好きなものを食べて、好きな酒を飲んでこその人生ですからね。

山本　そうでしょう。それが美術なんです。デジタルというのはサプリメントと一緒なので、僕たちはいくらサプリメントで不老不死が手に入ると言われても、やっぱりカツ丼を食べたくなる。それが美意識だし、すべての生物のなかで人間だけがもっている芸術ということの本質なんだと思います。

でも若い人は、デジタル社会の進展によって性欲がなくなったと言うでしょう。それもまたデジタルの影響と意味なんです。

田中　デジタル作品が出てきたことで作品そのものが永遠の命をもちはじめる。いままでなら1個しかできなかった作品が、デジタルではまったく劣化なく何個でも複製ができる。これは美術界だけでなく、人間生活全般に影響を及ぼしているのは間違いありません。

山本 でも、やはり人間には1人1人に異なる所有欲があるので、カツ丼への食欲と一緒で、やはりこの世で1個だけの価値を自分でもちたいと思うんです。そのときに版画でいいのかと考える。現在では、**草間彌生**さんのカボチャの版画が数百万円します。デジタル貨幣経済が発達したから、買う人がいるんです。でも、ここからが問題なのですが、多くの人は草間彌生さんの版画を「買いたい」とは思っても、「彼女がなぜカボチャを描いたのか」までは考えない。これがデジタル情報社会の特徴ですね。

本来のアートコレクターならば、草間さんがなぜカボチャを描いたのかということに当然興味をもちます。そしてすべての絵に対してなぜその表現を描くようになったのかを考えるようになれば、それが買った人の美意識を形成させる。カボチャの絵をもっているオーナーが5人集まって、俺は700万円で買った、俺は800万円で買ったと言ってもなんの美意識も生まれないけれど、Aさんはウォーホルを買って、Bさんは北斎の版画を買い、Cさんだけが草間さんを買ったということがコミュニケーションになれば、それは美意識につながる。

草間彌生
くさま・やよい（1929年〜）、美術家。サイケデリックな色づかい、水玉のような反復する模様の作品を多く制作。1960年代アメリカの前衛シーンで一躍注目され、以降、絵画、コラージュ、彫刻、パフォーマンス、インスタレーションなど幅広いメディアで活動を展開。

田中　絵画の取引マーケットが拡大したことに加え、デジタル情報の増加によって、絵画が金融資産のように扱われる傾向が強まったのですね。そこでは、いくらで買っていくらで売ったという会話が多くなる。それでは株式の売買と同じですよね。絵画についてそれぞれ目利き力を高め、その違いを楽しむようなオーナーが少なくなったということでしょうか？

山本　そう。前澤さんが「**バスキア**を123億円で買った」と言えば、みんなバスキアに注目して買いたいと思う。そんなに高いのかと目を剝く。でも、そんなのは美意識と関係ないんです。ビル・ゲイツは、自分の仕事のルーツはレオナルド・ダ・ヴィンチだと考えて、マーケットに出た最後の手稿を30億円で買っているんです。だから草間さんのカボチャをブランドとして買った人とダ・ヴィンチの手稿を30億円で買ったビル・ゲイツとでは、見えている風景がまったく違う。それをコレクションの意味として認識しないと美意識にはつながらない。それはデジタル社会の大きなテーマだと思います。つまり、サプリメントを飲んであなたは一生、不老不死を求めて生きていくんですかという話ですね。はたして美意識

バスキア
ジャン＝ミシェル・バスキア（1960〜1988年）、ハイチ系アメリカ人の画家。アメリカ社会、政治へのメッセージを文字やシンボルに込めて散りばめた、グラフィティアートのエネルギッシュな作品が特徴。わずか10年の活動期間に膨大な作品を残した。

はそこにあるのか？　そこを現代人は問われていると思います。

4 個人としての資産価値が大切になる時代

あらためて「美意識」の意味を問う

山本　美意識というのは、目の前に出された絵の価値がわかるとか、美術史的な知識があるとか、そういうことではなくて、究極的には「自分の人生を、生きているうちに作品化しようとする志」だと思うんです。僕たちが先達《せんだつ》を見て美しいと思うのは、自分の人生の結末を完結できている人です。そのために芸術があると僕は思っているんです。つまりコレクションです。芸術家は、自己を商品化するとかしないとか考えるのも大切ですが、自分の人生を自分の作品として成立させるというダ・ヴィンチのやってきたことが、究極の目標だと思います。それが美意識だなと思うんです。コレクションも表現なのでコレクターの美意識が出ますよ。

田中　いまおっしゃったことは今回の対談で一番大切なことのように感じます。美意識とは、自分の人生を作品として見ることができる感覚。もはや神がいないのだとしても、自分のことを空の上から誰かが見ている。それはお釈迦様なのかご先祖様なのかわからないけれど。だから道にゴミを捨ててはいけないし、新幹線で降車するときは座席をきれいにしなければいけない。生きるために金儲けはもちろん必要ですが、その努力には美しさがなければならない。

山本　人間の欲望というのは、不老不死であったり長生きであったり、ときにはお金をかけて美顔手術を受けるような人もいるとは思うんだけど、それは美意識でも何でもありません。お金では手に入らない自分の人生があるはずで、それを考えることこそが美意識だと思うんです。

田中　私自身、本当は好きな原稿仕事だけで生きていきたいのですが、これだけ出版売り上げが落ちると、物書き以外の稼ぎ口がないともたない状況にあります。物書きだけで生活ができるのは、おそらく**村上春樹**さんなどごく一部の人だけです。そうすると著者であり続けるためには、それ以外の仕事をもたざるをえない。それがさきほど話に出た、お金に関係なく何かを追求する道と商品化する道、その二つを選択できるようになるということです。この問題をフリーランスの人はみんな抱えるようになると思うんですね。そんな時代になったからこそ、多くの人が美意識という言葉に反応しているのかもしれません。やりたいことと生活の板挟みになって、その二つをどう折り合いをつけるか考えるときに必要なものが美意識じゃないですか。

村上春樹
むらかみ・はるき（１９４９年〜）、日本の小説家。１９８７年発表の『ノルウェイの森』が１０００万部を超えるベストセラーになり、村上春樹ブームが起きる。近年は、執筆活動のほか、ラジオ番組「村上ＲＡＤＩＯ」でＤＪも務める。

商品化しない人生がいつか「化ける」

山本　そこで面白いのはね、芸術家の場合、化けるときがあるんですよ。自分の実人生をどう考えるかによって、そのアーティストのつくる美術品が化けるんです。つまり、僕の画廊で数十年前は10万円だった作品が、あるとき１５０万円になったりする。そのほとんどは、自分の人生は商品をつくるためだけにあるのではないと考えている人が化けるんです。

田中　つまり商品化とそれ以外のツーウェイで考えていた人で言えば、商品化が苦手な人のほうが価値が出るということですか？

山本　そうです。商品化の反対側のテンションが高い人のほうが化けます。100％商品をつくっているアーティストの作品は化けない。

田中　それはつまり、芸術家でもフリーランスでも、商品化路線とそうでない路線と、分裂していていいということですね。しかも分裂しつつ、商品化しないほうの人生を熱く生きるほうが芸術家として化ける。そうすると今回のコロナ騒ぎでも、国はアーティストに対して最低限食っていけるくらいの支援をすればいい。あまり手厚く保護するなという話になりますね。

山本　その通りです。人間を育てるうえで一番マイナスなのはお金をかけすぎてしまうことです。お金を多額に支援された人間がうまく育ったケースなんてほとんどないから。お金をかければかけるほど、お釈迦様みたいにすべてを投げ出して無になろうとしたりするわけです。ただ日本国は芸術への支援が少ないので、コロナ禍でも最低限の生活と制作ができるような支援はしてもらいたいですが。

田中　たしかに美術でもビジネスでも、大変な状況を最低限の支援で乗り切りつつ、そこでなんとか歯を食いしばって耐えながら知恵を絞る人から、新たな価値が生まれてくる気がします。

山本　いろいろな投資のなかでも子育てというのがもっとも効率がいいというのは、お金をかけなくても育つ子は育つからです。逆に豊かにすればするほど、ろくでもない大人になる。

だから、「食べていけること」と「好奇心」をどう両立させるかを教育は考えないといけないのですが、現在の教育が進める知識偏重の生き方というのは、人間を商品化しているような気がしてしょうがないんです。本来なら、子どもを商品化するのではなく、商品化を子どもが選ぶように育てないといけない。教育制度を変えて9月入学にしようという話が出ましたが、何月入学にしようとやる子はやる、学ぶ子は学ぶんです。だって学校なんかろくに行かなくても世の中に大きな価値をつくった人はたくさんいますから。知識を覚えることではなくて、「価値をつくる」方向に教育をもっていかないと、AIがシンギュラリティ（人類の知能を超える転換点）に達したとき人間の価値がどうなるのか心配です。

「これ以外はしない」と自分を追い込む才能

田中　ルネサンス期のイタリアや大航海時代のオランダもそうですが、芸術家は皆、ギルド（職業別の組合）に入っていますよね。ギルドに一人前と認められないと弟子をとっちゃいけないとか、絵を売っちゃいけないとか、面倒くさいことがたくさんありました。現在でも芸術家にはそういう組合のようなものはあるんですか？

山本　画家の組合はありません。美術商の組合はあります。あるいは、僕の画廊に所属しているアーティストたちが時折集まって話すという会はありますが、公にはそういう会はできにくいですね。

1970年代に**吉村益信**という**ネオ・ダダ**の画家がユニオンをつくろうとしたことはありましたが、挫折しました。さきほど言ったように、芸術家は自律するのが極端に難しいから、手を携えられないのです。たくさんのアーティストが芸術大学で絵を教えていますが、彼らが集まって芸術論を交わすといったことはいまではほとんどないと聞いています。すべて個で完結している世界なんです。

田中　昔のギルドはたしかにそのような個が集まった組織ですが、それは集団で集まって王様と交渉するといった政治面に意味があって、仕事のほうは個々人がバラバラだったのかもしれません。いまも昔もアーティストは極端に個の強い人たちなんですね。誰かと一緒に仕事をするのが苦手。そういえばアーティストでもないくせに私もそうでした（笑）。

山本　芸術家の才能とは何なのかを考えると、「これ以外のことはやることがない」というふうに「自分を追い込む才能」だと思うんです。そういう人しか残ら

吉村益信
よしむら・ますのぶ（1932～2011年）、美術家。前衛芸術集団「ネオ・ダダ」主宰者。1960年代、街頭パフォーマンスやハプニング、廃品オブジェなど当時としては奇抜で斬新な表現が注目を集める。実験精神は衰えることなく変容し続けた。代表作に《豚・pig lib;》、《トライアングル・メビウス》など。

ネオ・ダダ
1960年、吉村益信を中心に東京で結成された前衛芸術グループ。わずか1年足らずで解体したが、派手なアクション、アナーキーで反芸術的な作品や構想は、社会風俗現象としてスキャンダラスにマスコ

ない。頭のいい人は芸術を辞めて転職します。芸術にかける労働と時間がコストに合わないことがすぐにわかるから。そういう人は辞めたほうがいいです。本当にコストになんて合わないから。でも、それでもこれしかないと思い続けてやっている人が、あるとき化けるわけです。

田中　それはすごくよくわかります。私のもとにも「著者になりたいんですが」と相談に来る人が多いのですが、みんな片手間に考えていて、それほどの熱量が感じられない。だから「ほかのことやったほうがいいですよ」と諭《さと》します。物書きなんて仕事、コストベネフィットで考えたらもちません。狂気がないとやっていけない。

山本　僕たち画商は、作品の商品化の部分でアーティストに寄り添ったり、どんな仕事を共有すればいいかは考えますが、アーティストたちが集まって何かやるということは少なくなりました。

田中　美術商とアーティストの組み合わせは、相性が大切だということですね。

ミを賑わせ、前衛美術の一つの典型となった。

それもまた、著者と編集者の関係に似ています。お金にならない仕事に精を出す狂気の人間には、しっかりとサポートする人間が必要なのですね。

山本 そうです。画商の仕事にも2種類あって、芸術家と付き合う画廊と、アートワーク（作品）を扱う画廊があります。僕は前者なので、画家と直接付き合って絵を描いてもらって売ります。アートワークを専門にする画廊は、画家との直接の付き合いはしないんです。マーケットに動いている絵を売り買いして商売する。付加価値をつけて売るということです。いわゆるセカンダリーです。

ところがこの世界で認められる画廊というのは、セカンダリーではない。やはり世界のアートフェアに出ていって、画家も売り出すという役割を担っているプライマリーギャラリーです。画商の仕事はプライマリーでどれだけ価値のある画家を生み出したかにかかってきます。

資本主義の経済システムは続くのか

山本　世界の人口はいま、77億人と言われていますが、これだけの人口を支えられる経済システムは資本主義以外にあるのかと僕は思います。ところが、人口が14億人もいる中国が、表面的には社会主義ということになっている。となると、「資本主義よりもいいシステムなのか？」という疑問も起こりかねません。新型コロナのパンデミックでも、社会主義だから中国は感染者数を抑えられたと言われているわけですが、人口13・5億人のインドはどうなのか。

僕たちが産業革命以降、ずっと膨らませてきた人口が、今後どういう経済システムで支えられるのか、それを考えないといけない時代になってきました。日本にしても、封建社会には戻れないし鎖国も無理でしょう。もっとも日本は人口減少ですから、僕らの世代が死んだあとに人口4000万～5000万人で安定すれば、国内で生産できるだけのお米で生きていけるかもしれないけれど。

田中　出生率は今年もそれ以降も下がるでしょうし、それに加えて高齢化の問題もあります。いまはコロナの心配ばかりですが、それが収まれば今度はまた高齢化問題が再燃するにちがいありません。高齢者を手厚く支える福祉を維持しながら若い世代にお金を回すことは難しい。ましてコロナ禍の補助金や支援金で財政が悪化しているし、その後にはあらためて財政問題が出てくるでしょう。人口減少時にどうやって財政再建するべきかと。

山本　誤解を恐れずに言えば、教育がしっかりしている国は人口が減る傾向にあります。いまも出生率が上がっているのは、教育が手薄な国でしょう。そういう教育格差が今後、世界的に大きな課題になると思います。

田中　コロナの影響で先進国の大学では経営破綻しそうなところが増えているようです。教育のオンライン化がこれまでの学校経営スタイルを崩してしまいました。アメリカの有名大学はめちゃくちゃ学費が高いです。ノーベル賞学者や有名な実力派教授をお金でスカウトしてきているので、その分、学費に跳ね返るんです。でもコロナで金持ちの留学生がアメリカから離れはじめた。これまでのビジネスモデルが崩壊して、経営が苦しくなっている。さらにはこれから進む教育のオンライン化は、親の所得水準による教育格差を助長するのか、それとも是正するのか、これから先が見えなくなってきました。そんな教育の先行き不透明さは、資本主義のゆくえにも影響を与えそうです。

「関係ない分野の知識」がいつか役に立つ

山本　僕は教育の問題を考えるときに、ゴルフのプロのことをイメージするんです。ゴルフのプロには、実際に試合に出るトーナメントプロと、プロ資格はもっているけれど練習場でわれわれ素人を教えてくれるレッスンプロがいます。有名なトーナメントプロの脇にも、必ずレッスンプロがいて、スイングとかを見ているわけです。

ゴルフの普及を考えると、このレッスンプロの存在がすごく大切なんです。自分は試合に出る才能よりも、教える才能のほうが長けている。つまり「教えることのプロ」です。この存在が日本の美術教育にも必要だと思うんです。残念ながらいまの日本の美術大学には、トーナメントプロとレッスンプロの違いがあまり鮮明ではありません。

田中　ともするとトーナメントプロが子どもを教えに行くのですね。長嶋茂雄が少年野球を教えに行っちゃうみたいに。「スーッと来たらガーンと打て」みたいな教え方をしてしまう。

山本　そうです。日本の教育ではレッスンプロの地位が低すぎるのも問題です。だから僕は、美術学校に経済学者や社会学者を入れたほうがいいと思っている。そういう多方面の知性を教えるのがレッスンプロの役割だと思うんです。

田中　いまの美術学校でそういう知識は教えていないのですか？

山本　特別な学校を除けばまったく教えていません。特別な学校と言ったのは、僕は武蔵野美術大学の出身なのですが、在籍した建築学科だけは**向坂逸郎**という有名なマルクス経済学者の、弟子の先生がいらして、マルクス経済学を教えてくれたんです。

向坂逸郎
さきさか・いつろう（1897～1985年）、経済学者。マルクス主義に傾倒し、日本で世界初の『マルクス・エンゲルス全集』（改造社）の編集に協力。戦後は大学で教鞭をとる傍ら、勢力的に翻訳や著述に着手。社会主義活動家の育成にも力を注いだ。代表作に『わが生涯の闘い』（文藝春秋）、訳書にマルクス『資本論』など。

田中　山本さんの学生時代ということは、ちょうど学園闘争の時代でしょうか？

山本　そうです。武蔵野美術大学にも反帝学生評議会（反帝学評）とか、いまの若い人たちにはわからない学生運動のセクト（党派）がいて、お揃いのヘルメットを被って「大学解体」なんて叫びながら学生運動をしていました。そのときに、マルクス経済学の加茂先生が僕らにマルクス経済学と哲学を教えてくださった。それが面白くて経済に興味をもって、卒業後、僕は国会議員の秘書になったのですが、ケインズとかサミュエルソンとかの経済学を夢中で勉強しました。それがいま、美術を扱ううえでとても役に立っているんです。

僕にはその体験があるので、美術を学ぶ学生も芸術家を目指す学生も、早い段階で経済学や数学を学んだほうがいいと思っているんです。ダ・ヴィンチだってさまざまな科学を学んでいたわけだから。だから、いま実際に大学で教えるときも、そういう話からするようにしています。さまざまなジャンルの知性を学生たちに教えるのが、アシスタントプロの役割だと思うからです。

田中　なるほど、それは重要なヒントです。ビジネスパーソンもアートを学べというのがブームになっていますが、アート側も経済学やビジネスを学んだほうがいいわけですね。アートとビジネス、アートと経済学のように離れているだけではもったいない。お互いに離れたところから学び合ったほうがいいというわけですね。

「誰かが自分の人生を見ている」という倫理

山本　今回いろいろ話しましたが、前に言ったように、歴史的に見て人間は神に憧れて不老不死を目指して、その神がいなくなることで自律する道を選んだわけです。つまり神にすがっていても不老不死なんて得られないとわかって、芸術に勤しんだ。それでいま西洋では、教会に代わって美術館が存在していて、旅行者は教会よりも美術館に向かうわけです。美術館は神聖な場所、理念の場所、哲学の場所としてわれわれの前にありますから。だから僕らは神なきあとの時代を生きているんだということを再認識しないといけないと思います。

田中　それはさきほどの美意識の話につながりますね。神なきあとを生きていかねばならないからこそ、美術館に行って「誰かが自分の人生を見ている」感覚をもたねばなりません。

山本　日本はと言うと、楽市・楽座もそうですが、市場はすべてお寺か神社の前で開かれました。それは、「神様仏様がお前たちの商売を見ているんだよ」ということが大事らしいんです。もっとお金を大切にしろ、という意味で。

だからプロテスタンティズムと資本主義の関係を見ても、資本主義の大きなバックボーンになったのがプロテスタンティズムでした。僕は神なき時代と言うより「宗教なき時代」と言ったほうがいいと思うけれど、神の存在を前提として、人間には倫理や道徳が残った。でも、神がいないと倫理や道徳はいつか崩壊するだろうと思うんです。それがAIの出現とすごく関係しています。

僕たちはどこかで倫理を担保していないといけない。それが美意識に大きく関わってくるのではないかと思うんです。つまり、AIは神と似ていてある種超越した存在だけど、倫理もなければ美意識もない。そこに本当に文化文明は生まれるのかという問題が出てきます。

田中　ビジネスで言えば、神なき時代だからこそガバナンスやディスクロージャーが生まれたのだと思うのです。それは会社のなかに、人間が倫理や道徳を持ち込もうとして制度設計したものです。それはビジネス上の制度設計としては大いなる進歩ではあったけれど、いまやもう一段上の文化文明を生み出すような、つまり次世代の子どもたちに「生きるための指針」を残すような試みが必要だということですね。

なぜいまは「個人が大切」と言われるのか

田中　さっきの画家やフリーランスで言えば、これからは個が自立する時代になる。あるいはならないといけない。ところが資本主義の歴史を遡ると、ここ数十年は組織としての会社が主人公だったように思います。産業革命以降、会社をどう運営するかということに精一杯になって、そこにどんな人間が働いているかというところまでは降りてこなくなりました。人間の集合体がギルドから会社になって、個が希薄になってしまったように思います。

山本　人間様ではなく、機械様がご主人になってきた。

田中　そうです、機械に従属して人間が働くようになったのが**チャーリー・チャップリンの『モダン・タイムス』**時代です。大企業のサラリーマンである限り、自分の倫理・道徳よりも上司が何を言うかが気になります。そのなかで個としての倫理観が薄くなります。いまのようにガバナンスやディスクロージャーのプレッシャーもあると、ますますその傾向が強まります。個が組織カプセルに包まれた存在になってしまった。

コロナの問題でも、目先の資金繰りに困って、「補助金の申請をしたらいつお金が手に入るのか」ということはみんな言うけれど、「そもそも国の財布は大丈夫なのか?」「100兆円なんてお金をばらまいて大丈夫なのか?」なんて、誰も言いませんよね。

チャーリー・チャップリンの『モダン・タイムス』
20世紀を代表するハリウッドの喜劇王、チャップリンが監督・製作・脚本・作曲を担当した喜劇映画(1936年)。資本主義や機械文明が加速する社会をテーマに、労働者が人間としての尊厳を失っていくさまと淡い恋模様が描かれる。

山本　たしかにそうですね。

田中　そう考えると、これからの日本では、国家と個人という最大単位と最小単位の間に存在する「会社」の業績に、日本の未来がかかってくるように思います。これからさき、会社が従業員を養い続けられるか？　そこが問題です。

そこについて私は悲観的で、そろそろ日本企業の体力がもたないと思うんです。国もだめ、企業もだめ、そうなると個人が強くなるしか方法がありません。定年後も自力で生きていける力をつけるしかない。だから個人の力が必要なのは、サービス業と芸術家だけじゃなくて、サラリーマンを含む日本人全員なんです。すべての個人が自分の生き方を考えざるをえなくなった。

山本　それが今回のコロナ禍でいっそう進んでしまったわけですね。国家財政が苦しくなったから。

田中　これからは、個人としてどう稼ぐか、やりたいことと生活のバランスをどうとるかが問われるようになります。そこには自立した個人としての意識が必要です。しかもその意識は定年前と定年後をつなぐ、一貫したものでないと意味がありません。会社に従属しているうちは威張っていても、定年になったらしぼんでしまっては美しくありません。人生を終えたとき、周囲の人が惜しんでくれるような人生を送りたいですね。

山本　最近の政府の在り方に対して、「いろいろスキャンダルが溢れ出てきて、こんなことでいいのか」と自民党の代議士ですら嘆いている。まさに美意識が失われつつある。そのとき言っていたのは、花柳界というプラットフォームがなくなって、先輩議員から身の処し方を教わっていないからだということでした。

田中　えっ！　花柳界が政治家に美意識を教えるプラットフォームだったのですか？

山本　花柳界というのは、芸者さんを通して先輩議員の生き方とか考え方、身の処し方を教わるところだった。新橋や柳橋、もちろん京都の祇園とかにはそういう構造が残っていたんですね。それがクラブやキャバクラにすべて変わってしまった。芸を通じて伝承されてきた価値観、つまり倫理や道徳が継承されることがなくなり、個人の魅力、しかも見た目になってしまったから、デジタルな情報化だけのプラットフォームでは代議士の先輩の生き方なんて伝わるわけがない。そこが決定的な違いになるんですね。

田中　冒頭で山本さんが絵をコードとモードで見るとおっしゃった話を思い出します。実は、われわれの人生もコードという文脈と、モードというセンスの重なりによって成立しているのではないでしょうか。神なき時代にどんな倫理観と道徳観のもとに働き、そしてどんなことをして遊ぶか。目指すべきは、どちらも真剣にかつ美しく。私たちが美術館で見る絵画と同じで、私たちの人生も終わってみれば一本の映画です。誰かに感動を与えるとまではいかなくとも、せめて恥ずかしくないようには毎日を過ごしたいですね。

おわりに　自分の人生を「作品」として生きる

本書では、公認会計士と画廊経営者という、これまでは交わることのなかった組み合わせでお金とアートについて語ってきました。読後感はいかがでしょうか？

対談が進むなかで最後に考えたのは、いまビジネスパーソンのあいだで大いに議論されている「美意識」の問題でした。美意識とは何か？　それを、これまでの僕自身の歩みから考えてみたいと思います。


僕は美術大学の建築科を卒業後、政治家秘書を経て父が経営する東京画廊を継ぎ、経営者として画商の道を歩んできました。すると面白い「変化」と出会いました。

仕事の折々に考えてきた美術に関することを友人の木本禎一君に語っていたら、彼が出版社につないでくれて初著書である『アートは資本主義の行方を予言する』（ＰＨＰ新書）という本が出来上がりました。

このタイトルは編集者が「『資本主義』という言葉を入れましょう」と言ってつけたので

すが、私はそんなことまったく考えていなかったので、「アートと資本主義？」とびっくりしました。けれど、それを見た当時内閣官房に勤めていた娘が、「この内容なら推薦文は経済学者の水野和夫先生がぴったり」と言いだし、実際に水野先生にお願いにあがると、「資本主義を考えるにはコレクションの概念が大切」と言って『ミュージアムの思想』（白水社）という本をご紹介くださり、後年、水野先生との対談本も出版しました。

やがて、それらを読んだ文化庁の人が、経済産業省と組んで始めた「アート市場活性化事業」の委員に選んでくださって、官僚や政治家、学者先生とお会いする機会に恵まれました。本人は何がなんだかわからないあいだに、周囲の方が「この本は面白い、役に立つ」と言って、次々と新しい人を紹介してくださったのです。

そのうち自分も「ならばもっと勉強しなくちゃ」と思い始め、木本君が持ってきてくれた『会計の世界史』を読んでいたら、「レオナルドと『簿記の父』の運命的な出会い」「レンブラントとオランダの栄光」なんてタイトルが並んでいた。まさに資本主義の普及と美術の進展が交錯して描かれていたのです。これは面白いと膝を打って、私は著者である田中靖浩先生に連絡しました。だって親切にも巻末にメールアドレスが書いてあったものですから。

そうやって出会った田中先生の話が面白くて、「会計には簿記というグローバルなインフラがありますが、美術界では?」とか、「僕らが普通に語る文化と文明の違いは何でしょう?」と会話が広がり、そこに木本君がKADOKAWA編集者の金子拓也君を連れてきてくれて、本書が生まれたというわけです。

つまり何が言いたいかというと、このようなプロセスを経て「山本豊津」という人間の価値が「変換した」ということです。自分では自分の価値はわからない。周囲の人が価値を感じてくれて、さまざまな方と交流するなかで自分自身が新しい価値を纏《まとま》っていく。それは言い換えれば「山本豊津が公になる」こと。

美術と同じように人間もいかに「公」になるか。そのためには常に「価値の転換」をしていかないといけない。そこには分野を超えた教養が必要なのです。

自分自身の人生を「作品」として生きる。そのとき真の「美意識」を身につけることができるのではないか。そんなふうに僕は考えています。

最後までお読みいただき、ありがとうございました。

令和2年8月　コロナ禍のなかで

山本豊津

山本豊津（やまもと・ほづ）

東京画廊代表取締役社長。1948年、東京都生まれ。1971年、武蔵野美術大学造形学部建築学科卒業。元大蔵大臣村山達雄秘書。2014年より4年連続でアート・バーゼル（香港）、2015年にアート・バーゼル（スイス）へ出展。アートフェア東京のアドバイザー、全銀座会の催事委員を務め、多くのプロジェクトを手がける。全国美術商連合会常務理事。日本現代美術商協会理事。著書に『コレクションと資本主義』（共著、角川新書）、『アートは資本主義の行方を予言する』（PHP新書）がある。2020年、東京画廊は創立70周年を迎えた。

田中靖浩（たなか・やすひろ）

田中靖浩公認会計士事務所所長。1963年、三重県四日市出身。早稲田大学商学部卒業後、外資系コンサルティング会社を経て現職。ビジネススクール、企業研修、講演などで「笑いが起こる会計講座」の講師として活躍する一方、落語家・講談師とのコラボイベントを手がけるなど、幅広くポップに活動中。主な著書に、『名画で学ぶ経済の世界史』（マガジンハウス）、『会計の世界史』（日本経済新聞出版社）など、翻訳絵本に『おかねをかせぐ！』『おかねをつかう！』（ともに岩崎書店）がある。

教養《きょうよう》としてのお金《かね》とアート

誰《だれ》でもわかる「新《あら》たな価値《かち》のつくり方《かた》」

2020年9月2日　初版発行

著者／山本豊津《やまもとほづ》、田中靖浩《たなかやすひろ》

発行者／青柳昌行

発行／株式会社KADOKAWA
〒102-8177　東京都千代田区富士見2-13-3
電話0570-002-301（ナビダイヤル）

印刷所／株式会社暁印刷

●お問い合わせ
https://www.kadokawa.co.jp/（「お問い合わせ」へお進みください）
※内容によっては、お答えできない場合があります。
※サポートは日本国内のみとさせていただきます。
※ Japanese text only

定価はカバーに表示してあります。

ISBN 978-4-04-604628-4 C0030